Wilhelm Wattenbach

Anleitung zur lateinischen Palaeographie

Wilhelm Wattenbach

Anleitung zur lateinischen Palaeographie

ISBN/EAN: 9783744637565

Hergestellt in Europa, USA, Kanada, Australien, Japan

Cover: Foto ©Andreas Hilbeck / pixelio.de

Weitere Bücher finden Sie auf **www.hansebooks.com**

ANLEITUNG

ZUR

LATEINISCHEN PALAEOGRAPHIE

VON

W. WATTENBACH

PROFESSOR IN BERLIN.

Dritte Auflage.

LEIPZIG

VERLAG VON S. HIRZEL.

MDCCCLXXVIII.

Druck von J. B. Hirschfeld in Leipzig.

VORWORT.

Die autographirten Blätter, welche ich hier der Oeffentlichkeit übergebe, hatten ursprünglich eine solche Bestimmung nicht. Nur handschriftlich vorhanden, dienten sie zur Unterstützung meiner Vorträge über lateinische Paläographie, und waren lediglich aus dem Bedürfniss der Zeitersparung hervorgegangen. Autographirt wurden sie zuerst auf den Wunsch meiner Zuhörer im Jahre 1866, und ich würde sie schon damals dem Buchhandel übergeben haben, wenn nicht die Zeitverhältnisse es unmöglich gemacht hätten. Nur eine kleine Anzahl von Exemplaren konnte ich dem Germanischen Museum zu Nürnberg zustellen; sie war im Anfang des Jahres 1869 erschöpft, und da es an Nachfrage nicht fehlte, habe ich mich zu einer neuen Bearbeitung entschlossen. Deutlich genug hat es sich herausgestellt, dass ein Bedürfniss nach einem solchen Hülfsmittel vorhanden ist, und dass auch die Mangelhaftigkeit dieses Versuches nicht abschreckend wirkte. Seit der ersten Veröffentlichung desselben ist nun freilich durch mein Buch über das Schriftwesen im Mittelalter (1871, zweite Auflage 1875) eine sehr nothwendige Ergänzung dazugekommen, allein es fehlt noch immer die historische Entwickelung der Veränderungen des ganzen Schriftcharakters, welche beim Vortrag durch Vorzeigung von Proben sich mit Leichtigkeit anschaulich machen lässt; und wenn ich auch jetzt in der Einleitung diesen Gegenstand etwas eingehender behandelt habe, so musste ich mich doch auf einen kurzen Umriss beschränken und konnte nur so viel bieten, als zum Verständniss der folgenden Blätter durchaus unentbehrlich ist. Am schmerzlichsten vermisste bisher der Anfänger auf diesem Gebiete eine zweckmässig ausgewählte Folge von Schriftproben, deren er sich zu seinen Studien bedienen konnte; diesem Bedürfniss aber ist jetzt abgeholfen durch die Schrifttafeln zum Gebrauch bei Vorlesungen und zum Selbstunterricht herausgegeben von W. Arndt, Berlin 1874 u. 1878. Auf diese beziehe ich mich vorzüglich, auch ohne immer die einzelnen Tafeln anzuführen. Von anderen nachgerade in zahlloser Menge vorhandenen Schriftproben führe ich die wichtigeren an, ohne jedoch hier nach Vollständigkeit zu streben; ein jeder wird die ihm zugänglichen leicht einreihen können. In Bezug auf die autographirten Blätter ist es vielleicht nicht überflüssig zu bemerken, dass es keineswegs darauf abgesehen war, die erstaunliche Mannigfaltigkeit der Schriftformen auch nur annähernd zu erschöpfen, sondern nur die wesentlichsten Formen hervorzuheben; auch kann, da alle Nachbildungen aus freier Hand gezeichnet sind, auf vollständig genaue Uebereinstimmung mit den Originalen kein Anspruch gemacht werden. Für diese dritte Ausgabe sind jene Blätter vollständig neu bearbeitet worden.

Berlin im Juni 1878.

W. Wattenbach.

Die Hauptgattungen lateinischer Schrift.

I

Capitalschrift.

Die Capitalschrift, welche den Steinschriften der Augusteischen Zeit am meisten sich nähert, ist in einzelnen vollständigen Handschriften und vielen Fragmenten uns erhalten. Reiche Beiträge haben die Palimpseste geliefert. Noch haben D E M Q ihre Normalform, und nur ausnahmsweise kommen Abweichungen von der gleichen Höhe aller Buchstaben vor.

Die zahlreich vorhandenen älteren Nachbildungen dieser Schriftgattung haben, da sie auf Nachzeichnung beruhen, nicht die unbedingte Zuverlässigkeit, welche nur photographisch zu erreichen ist. Es kommen daher, während früher vorzüglich auf die Publicationen von A. Mai und Silvestre zu verweisen war, jetzt vornehmlich in Betracht die Tafeln der Londoner Palaeographical Society und die systematische Sammlung: Exempla codicum Latinorum litteris majusculis scriptorum. Ediderunt C. Zangemeister et Guil. Wattenbach. Heidelb. 1876. Die photographische Aufnahme lässt namentlich auch spätere Zuthaten, wie die Interpunctionen in einigen Handschriften, als solche erkennen. Hervorzuheben ist noch die Schrift von G. H. Pertz, Ueber ein Fragment des Livius (rect. Sallust) in den Abhandlungen der Berliner Akademie von 1847, mit dem Facsimile, welches wiederholt ist in Sallustii opera ed. Kritz, Vol. III. Die Schrift ist vorzüglich schön und merkwürdig, eine photographische Aufnahme aber nicht mehr möglich. Zu dieser Schriftgattung gehören auch die wenigen Fragmente lateinischer Schrift in den Herculanensischen Papyrusrollen, doch nicht alle, und gerade daraus sehen wir, dass schon so früh eine Einmischung von Cursivformen und ein Uebergang zur Uncialform auch in Abschriften litterarischer Werke stattgefunden hat. Der Zustand dieser Fragmente lässt aber nur eine Nachzeichnung zu, und bei der Undeutlichkeit der Schriftzüge auf dem verkohlten Papyrus ist zuverlässige Genauigkeit nicht zu erreichen. Die in den Volumina Herculan. II facsimilierten Fragmente des Gedichts de bello Actiaco und die Tafeln I—III der Exempla zeigen jedoch, dass durchweg die Formen der Buchstaben sich weiter von der Normalform entfernen, als es in den Pergamenthandschriften der Fall ist. Die leichtere und flüchtigere Schrift auf dem zarteren Material wird in dieser Richtung eingewirkt haben. Eine Nachbildung in Farben, aber wenig genau, ist im Museo Borbonico XVI, 25.

Schon hieraus ergiebt sich, wie unbegründet es ist, aus der grösseren Reinheit der Schrift ein höheres Alter folgern zu wollen. Sie war eine absichtlich festgehaltene Kunstform, welche man für Prachthandschriften anwandte, nachdem schon lange auch andere Schriftgattungen üblich waren. Merkwürdiger Weise scheinen alle Majuskelhandschriften des Vergil in Capitalschrift geschrieben zu sein. Unter diesen ist der berühmte Mediceo-Laurentianus mit einer Unterschrift in Uncialen versehen, welche die Entstehung der Handschrift erst in die Zeit Odoacar's setzen würde. Allein ein Blick auf dieselbe (facs. Pal. Soc. pl. 86) lehrt, dass sie nicht ursprünglich zu dieser Handschrift gehört, sondern nachträglich zugesetzt ist; vgl. Ribbeck, Prolegg. critt. p. 223. Es widerspricht also auch diese Handschrift nicht dem allgemeinen Satze, dass höheres Alter anzunehmen ist bei regelmässiger, aber nicht gekünstelter und gleichsam gemalter Schrift, bei guter alter Orthographie und Abwesenheit von Interpunctionen und hervortretenden Initialen. In jüngere Zeit, vielleicht des ausgehenden vierten Jahrhunderts, nicht, wie Pertz meinte, in Augusteische, gehören hiernach die schedae Vaticanae cod. 3256 mit den dazu gehörigen Blättern der Berliner Bibliothek, facs. bei Pertz in den Abhandlungen der Berl. Akad. 1863. Hier beginnt jede Seite mit einer farbigen Initiale.

Die nachweisbar jüngsten Handschriften dieser Art sind der Pariser Prudentius, vermuthlich gegen Ende des 6. Jahrh. sehr schön geschrieben (Exempla t. 15. Pal. Soc. pl. 29. 30), und der Turiner Sedulius, in welchen Capital- und Uncialschrift wechseln, wohl aus dem 7. Jahrhundert (Exempla t. 16).

Diese Schriftgattung blieb im Gebrauch für Ueberschriften, Titel, Initialen; sie wurde in karolingischer Zeit künstlich hergestellt und der Normalform wieder mehr genähert; man schrieb so die ersten Seiten von Prachthandschriften, ja ganze Handschriften in genauer Nachbildung antiker Muster. Vorzüglich beliebt war eine kleine zierliche Schrift, gewöhnlich capitalis rustica genannt; sie findet sich in Saint Augustine's Psalter (Cott. Vesp. A. 1. Pal. Soc. pl. 19), einer der ältesten Nachahmungen der von Augustin nach Canterbury mitgebrachten Handschriften, wo die ersten Blätter so geschrieben sind. Besonders merkwürdig ist der Utrechter Psalter, dreispaltig in cap. rustica, mit Bildern, und eben deshalb älterer Vorlage genau nachgeahmt, um die Eintheilung des Raumes festzuhalten Die Bilder zeigen angelsächsischen Stil und sind sicher nicht älter als das neunte Jahrhundert, vielleicht erheblich jünger; s. die vollständige Autotypie (1873) und Proben in: Reports addressed to the trustees (1874); Birch, The history, art and palaeography of the Ms. styled the Utrecht Psalter (1876); Arntz, Beknopt historisch overzigt over den oorsprong van het Quicunque, Utrecht 1874.

Handschriften dieser Gattung sind immer ohne Worttrennung; Interpunction wohl nur im Sedulius ursprünglich; in dem Herculan. Epos de bello Actiaco sind die Worte durch Puncte getrennt.

1 *

II

Uncialschrift.

Völlig ausgebildet bestand Jahrhunderte lang neben der Capitalschrift
die zweite Kunstform der Uncialschrift, ein Wort, welches durch den neueren
Sprachgebrauch seine bestimmte Bedeutung erhalten hat, indem es die Schrift
bezeichnet, in welcher A D E M die jüngeren abgerundeten Formen haben,
und einzelne Buchstaben über und unter die Zeilen reichen. In den flüchtig
geschriebenen Wandschriften von Pompeji finden sich viele Anklänge, aber
noch nicht die Uncialform des M. Dagegen ist die Existenz dieser Schriftgattung in völlig ausgebildeter Gestalt im vierten Jahrhundert nicht zu be-
zweifeln. Zwar ist von dem durch G. Waitz in seiner Schrift: Ueber das
Leben und die Lehre des Ulfila (Hann. 1840) bekannt gemachten Cod. Paris.
Lat. 8907 nachgewiesen, dass die Randschrift in Cursive aus dem 5. Jahrhundert herrührt, aber der Text der Acten des Concils von Aquileja a. 381
in Unciale ist wahrscheinlich bald nachher geschrieben (Exempla t. 22). Dem
vierten Jahrhundert schreibt auch Th. Mommsen den Veroneser Palimpsest
des Livius zu, s. die Abhandlungen der Berliner Akademie von 1868 und:
Analecta Liviana. Ediderunt Th. Mommsen et G. Studemund. Lips. 1873, 4⁰
mit photogr. Schriftproben. C. Zangemeister setzt den Palimpsest des Cic.
de rep. (Exempla t. 17) in das vierte Jahrhundert, und der Evangeliencodex
von Vercelli, welchen sehr alte Tradition dem Bischof Eusebius († 371) zu-
schreibt (Exempla t. 20), kann recht wohl aus seiner Zeit sein. Vorzüglich
schön geschrieben und von noch fehlerloser Orthographie ist die von Th.
Mommsen in den Abhandlungen der Berliner Akademie mit Facs. heraus-
gegebene Zeitzer Ostertafel, welche bald nach 447 geschrieben sein muss
(Exempla t. 23). Die besonders sorgfältig interpungierte Evangelienharmonie,
welche Bischof Victor von Capua 546 gelesen hat, ist wahrscheinlich kurz
vorher auf dessen Befehl geschrieben worden, s. Codex Fuldensis, ed. E.
Ranke, Marb. et Lips. 1868. Exempla t. 34). Die Vermuthung eines hohen

Alters haben die vorhieronymianischen Uebersetzungen der H. S. (Itala) für
sich, von welchen kürzlich verschiedene Fragmente von E. Ranke u. a.
veröffentlicht sind.

Diese Schrift lässt sich daher in ihrem geschichtlichen Verlauf verfolgen, und es konnte in den oben erwähnten Exempla eine Reihe von Proben
gegeben werden, deren Zeit wenigstens annäherungsweise bestimmt ist. Doch
ist schon vom 6. Jahrhundert an die Uncialschrift nicht mehr die allgemein
übliche, und namentlich die kirchlichen Handschriften kalligraphische Kunstwerke, bei welchen zur Schätzung des Alters kaum ein Anhalt zu finden ist.
Dagegen ist in anderen Veränderung und Verfall sehr sichtbar, wie in den
oberen Schriften vieler Palimpseste und sonst. Zu den jüngsten Beispielen
gehören Prosperi chron. bald nach 584 geschrieben über Cicero's Verrinen
(Exempla t. 4); aus dem 7. Jahrhundert Fragm. Gregorii Turon. Lugd.
(Arndt, Schriftt. 4ᵇ, Exempla t. 45) und andere bei Silvestre; cod. Salmas.
Paris. 10318 der Anthologie (Exempla t. 46) mit Randbemerkungen in mero-
wingischer Schrift; Syn. Chalcedon. a. 451 über Fronto (Exempla t. 31); Legum
Langobardarum cod. Sangall. s. VII (Exempla t. 47. 48. Mon. Germ. Legg.
vol. IV farbig) und cod. Vercell. s. VIII (Exempla t. 50); cod. Trevir. a. 719
(Exempla t. 49); Greg. Dial. cod. Ambros. um 750 in Bobio geschrieben
(Pal. Soc. 121); das 754 geschriebene Evangeliar von Autun (Bibl. de l'École
des chartes VI, 4, 217); Pauli D. Hist. Langob. fragm. Asis. s. G. Waitz
im Neuem Archiv I, 537, doch ohne Schriftprobe; cod. Vat. 5007 der Gesta
epp. Neapol. am Ende des 8. Jahrh. geschrieben, s. Mon. Germ. SS. Rerum
Langob. p. 399 u. tab. V.; cod. Lucensis der Gesta pontificum Romanorum
aus derselben Zeit, s. die Beschreibung von P. Ewald im Neuen Archiv III,
342. Diese kleine gedrängte geschäftsmässige Unciale ist von der kalligraphischen sehr verschieden; sie wechselt in derselben Handschrift mit anderen
Gattungen. Vorzüglich schöne Proben aus einer in solcher Weise gemischten
Handschrift giebt Léopold Delisle, Notice sur un manuscrit Mérovingien
contenant des fragments d'Eugyppius, appartenant à M. Jules Desnoyers.
Paris 1875. 4⁰.

Von Abkürzungen kommt in der Uncialschrift nur eine kleine, genau bestimmte Anzahl vor; dass man in Manuscripten für den Handgebrauch deren mehr gehabt habe und aus solchen Vorlagen sich die zahlreichen Fehler unserer Uncialcodices erklären lassen, sucht aus dem Wiener Livius M. Gitlbauer nachzuweisen: De codice Liviano vetustissimo Vindobonensi, Vind. 1876. Von technischen Siglen erfüllt sind juristische Handschriften, namentlich der Palimpsest des Gajus (Ausgabe von Studemund 1874. Exempla t. 24). Diese vielleicht noch dem 5. Jahrhundert angehörige Handschrift zeigt uns auch zuerst das Eindringen von Minuskelformen in die Uncialschrift. Die Buchstaben b m r s sind es, welche zuerst aus der Cursive in die Bücherschrift aufgenommen werden, später und seltener n. In der Florentiner Handschrift der Pandecten, vermuthlich vom Ende des 6. Jahrhunderts, steht die Hand eines Schreibers (manus XII) der Minuskel schon sehr nahe (Facs. nur in Brencmannni hist. pandectarum a. 1772 ad. p. 155; anderer Hände in der Ausg. von Th. Mommsen vol. II, nebst genauer Beschreibung in der Vorrede. Exempla t. 39).

Eine ähnliche Mischung zeigt um dieselbe Zeit die Hand des Bischofs Victor von Capua in dem vorher schon angeführten Fulder Codex. Eine sehr merkwürdige und alterthümliche Mischung findet sich in den Fragmenten eines Griech. Lat. Glossars auf Papyrus bei Tychsen in den Commentationes Soc. Gott. vol. IV (1820) u. Th. Bernd im Rhein. Mus. f. Philol. V, 301—329 (1837). Ueber andere Handschriften aus diesem Jahrhundert, welche schon nicht mehr als uncial bezeichnet werden können, s. unten § VI.

Als absichtlich festgehaltene oder neubelebte Kunstform müssen wir die schöne Uncialschrift bezeichnen, welche aus den Schreibschulen der Irländer und Angelsachsen hervorgegangen ist, und auch in karolingischer Zeit wieder häufig angewandt wurde.

Bevor wir nun die weiteren Veränderungen der Schrift verfolgen, müssen wir noch den Blick auf andere Schriftgattungen werfen, welche ebenfalls nicht ohne Einfluss auf die Gestaltung der Minuskel gewesen sind.

III
Tironische Noten.

Die altrömische Stenographie ist benannt nach Tiro, dem Freigelassenen des Cicero; berichtet wird, dass schon Ennius sie erfunden, Tiro sie vervollkommnet habe. Nach und nach ist der Notenvorrath weiter vermehrt worden.

Die notae sind aus Buchstabentheilen zusammengesetzt, so sinnreich, dass der Notar, der davon seinen Namen hat, sich nach dem System die Wortzeichen selbst bilden konnte. Die Notare waren in der Anwendung der Zeichen sehr geschickt und kamen unseren Stenographen gleich. Der Aufschwung der Stenographie in neuester Zeit hat auch auf die Noten wieder grössere Aufmerksamkeit gelenkt.

Der erste Entzifferer war Carpentier in seinem Alphabetum Tironianum (1747f.), worin er ein Formelbuch der k. Kanzlei aus Ludwigs des Frommen Zeit (cod. Paris. 2718) herausgab; die Noten sind darin mit ausgeschriebenen Worten gemischt. Es giebt aber auch Verzeichnisse, aus welchen schon Trithemius Mittheilungen gemacht hat, dann hat Gruter 1603 eine grosse Sammlung veröffentlicht. U. F. Kopp hat 1817 in seiner Palaeographia critica zuerst das Princip ihrer Zusammensetzung richtig erkannt und nachgewiesen, und ein analytisches Lexicon gegeben. Von neueren Arbeiten ist hervorzuheben: Jules Tardif, Mémoire sur les notes Tironiennes, in den Mémoires présentés par divers savants à l'Académie des Inscriptions, 2ᵉ série, tome 3ᵉ, 1852. Eine Uebersicht giebt Th. Sickel, Die Urkunden der Karolinger I, 326—339 (1867). Jetzt arbeitet auf diesem Gebiete vorzüglich W. Schmitz, der seine verschiedenen Untersuchungen zusammengefasst hat in den Beiträgen zur Lat. Sprach- und Literaturkunde, Leipzig 1877; nicht aufgenommen ist die Ausgabe der Madrider Noten in der Zeitschrift Panstenographikon, und der Berner Noten als Beilage zum 3. und 4. Heft dieser Zeitschrift. Ueber die Genfer Handschrift giebt A. Uhlemann

Nachricht im Literaturblatt (Beilage zum Correspondenzblatt des k. stenograph. Instituts zu Dresden) 1878 N. 1.

Eine schöne grosse Probe von Isidors Origg. I c. 27 in Noten, eine andere aus den westgoth. Gesetzen und Formeln, beide mit Worten in gewöhnlicher Schrift gemischt, giebt A. Mai, Nova Coll. VI; eine andere Auctt. class. V; Th. Sickel, Mon. graph. VIII, 10 eine Seite aus dem Lex. Tiron. vom Anfang des 9. Jahrh. in Goetweih, welches wie das ältere Casseler, aus Fulda zu stammen scheint; Silvestre eine Seite aus einer Wörtersammlung s. X. und eine andere aus einem Psalter. Diese Psalter und andere Schriften in Noten sind vielleicht Uebungstücke gewesen. Im Catal. des Bibl. des Département I, 234 ist ein Facs. des cod. Laudun. 444 eines Glossar. Gr. Lat. mit Noten; C. W. Müller, De codicibus Virgilii im Ind. lectt. Bern. 1841 p. 7 u. spec. III giebt Nachricht von einem Virgilcommentar s. IX mit Noten in den Scholien. Bei Champollion-Figeac, Chartes Latines VII e eine urkundliche Aufzeichnung in Noten.

Bemerkenswerth ist die Anwendung der Noten bei den Emendatoren der Handschriften für ihre Bemerkungen, z. B. in dem oben S. 5 angeführten merow. Codex ed. Delisle pl. 1 u. 5, Arndt, Tafel 5ᵃ. Häufig sind solche Noten in den für Carls des Gr. Zeitgenossen Hildebald von Coeln abgeschriebenen Büchern, und hierhin werden doch auch wohl die Randzeichen des Cod. Flor. der Digesten gehören, s. Th. Mommsens Vorrede p. XXXVII. Vgl. auch H. Hagen in Rhein. Mus. XXXIII (1877) S. 159 über die verkannte Bemerkung in Noten 'non habet glossam' zu Dositheus' ἑρμηνεύματα.

Die Kenntniss dieser Noten war noch im neunten Jahrhundert den Notaren völlig geläufig; unter Ludwig dem Deutschen jedoch verlor sich die Kenntniss derselben im Ostfrankenreiche, während sie sich im Westreiche noch etwas länger erhielt. Nur einige wenige Zeichen blieben als Abkürzungszeichen im Gebrauch, oder hatten doch auf deren Gestaltung Einfluss. Um 1174 versuchte Johann von Tilbury in England, weil das alte System zu verwickelt und schwierig und deshalb seit Jahrhunderten ganz vergessen sei, in seiner 'ars notaria' ein neues aufzustellen; aus dem Hauptzeichen 'nota'

und dem Hülfszeichen 'titula' bestehend, sollte es in 60 Tagen zu lernen
sein, so dass man so rasch schreiben wie sprechen könne. Er scheint aber
nie damit fertig geworden zu sein; s. Val. Rose im Hermes (1874) VIII,
303—326. Cäsar schrieb, was nicht jeder verstehen sollte, so, dass er d für a
setzte u. s. f. immer den vierten Buchstaben (Suet. c. 46); Augustus setzte
b für a, für z aber aa (Suet. c. 88). Er machte also ein x für ein u; ob
jedoch diese Redensart davon oder von der Vertauschung der Zahlenwerthe
X und V herrührt, ist streitig, s. Germania XIII, 270; XIV, 215; XX, 8. —
Im Mittelalter begnügte man sich in der Regel damit, an die Stelle der Vocale entweder verschieden zusammengestellte Punkte oder je den folgenden
Consonant zu setzen; bei unanständigen Worten verstärkte man die Deckung,
und schrieb für zerse (penis) zgreg (Eccl. Colon. codd. p. 122). Im cod.
Harl. 3362 f. 47 ist an einer bedenklichen Stelle auch für die Consonanten
je der folgende gesetzt (Wright and Halliwell, Rell. ant. I, 91). Die Einfüh-
rung beider Arten schreibt Hrabanus Maurus (Operum ed. Col. 1626
Vol. VI, 334, Goldast SS. Alam. II, 93) dem h. Bonifatius zu. Sie finden
sich beide oft angewandt in Glossen und für die Auflösung von Räthseln,
wofür sonst auch Runen gebraucht wurden; auch einfach als Spielerei, nicht
selten in Unterschriften der Abschreiber. Der Pabst Benedict VIII unter-
schrieb Thfpfklbctxc, wo der letzte Buchstabe griechisch ist (Galetti del Pri-
micerio p. 249). Die Aufschrift *BRCHKDKBCPNP BNSCXLFP* blieb Ban-
dini I, 656 unverständlich. Eine Anleitung zu künstlicherer Buchstabenver-
tauschung aus England s. XV bei Wright and Halliwell II, 15. Verschiedene
Arten gemischt in Pertz' Archiv VII, 756, der Unterschrift des cod. legis
Alam. Monac. 4115, s. VIII. Ziffern statt der Vocale in Libri's Auctions-
Catalog (1859) S. 59 n. 248: Ciceronis Officia s. XIV. In Bonifatius' Briefen
sind griechische und irische Initialen gemischt; nicht alles ist erklärt, s. Jaffé,
Bibl. III, 12. 233. 244. 283. Die Geheimschrift der Hildegard v. Bingen
(Haupts Zeitschr. VI, 321) ist offenbar willkürlich erfunden. Auch griechische
Buchstaben, oft fehlerhaft, wurden in solcher Weise angewandt, z. B. von dem

Kanzler Winitharius (s. H. Bresslau, Diplomata centum, Berol. 1872 p. 176), und so konnte aus Missverständniss statt Godefridus gelesen werden Twaetihaoyc, s. J. Grimm's Kl. Schr. II, 338. Unenträthselt ist die aus gewöhnlichen Buchstaben bestehende Geheimschrift im Cod. Christ. 314 sacc. X. (Pertz' Archiv XII, 274), von welcher ich Abschrift habe, so wie die ähnlichen Zeichen Gerberts. Verschiedene geheime Alphabete im Münchener cod. 18628 aus Tegernsee s. XI, wo auch noch tironische Noten vorkommen, f. 95, und im Wiener 1761 s. XI. Eine Geheimschrift erdachte sich Salimbene in seiner Gefangenschaft (Chron. ad a. 1241 p. 58) und Benedict de Pileo (Festschrift d. Heidelb. Philologenvers. 1865 S. 102). Ueber die Geheimschrift Rudolfs IV. von Oesterreich s. Kürschner in den Mittheilungen der Centralcommission XVII, 71—80. Die Chiffern eines alchymistischen Codex von 1426 habe ich im Anz. d. Germ. Mus. XVI, 265 erklärt, andere im Receptenbuch in München 444 f. 140. Alchymistische Recepte im Archivio centrale in Florenz in einem Büchlein von dünnen Bleiplatten; die Geheimschrift ist auf der letzten Seite erklärt. In dem vom Germanischen Museum herausgegebenen Hausbuch sind hebräische Buchstaben angewandt. Gegen Ende des 15. Jahrhunderts werden Chiffern im diplomatischen Gebrauch schon häufiger und künstlicher, doch liegt es uns hier fern darauf näher einzugehen; Geheimschrift der Mailänder Visconti im Wiener cod. 2398 (Tabulae codd. II, 68).

IV

Altrömische Cursive.

Unter Cursive pflegt man eine Schrift zu verstehen, in welcher die Buchstaben nicht mehr abgesondert neben einander stehen, sondern unter sich in Verbindung gebracht und dadurch in ihrer Form bedeutend verändert sind. Von stark veränderten Formen bieten uns schon die in Pompeji flüchtig an die Wände gekritzelten Schriftzüge viele Beispiele, s. die Inscriptiones parietariae ed. Zangemeister, im Corpus Inscriptt. Latt. IV mit den sehr lehrreichen Tafeln über die veränderte Gestalt der einzelnen Buchstaben. Auch die Inschriften der Catacomben in De Rossi's Roma subterranea christiana sind damit zu vergleichen. Aber weder hier noch in den Fragmenten Herculan. Papyrus ist eine fortlaufende Cursive. Davon sehen wir die Anfänge auf einigen der 1875 in Pompeji im Hause des L. Caecilius Iucundus entdeckten 132 Triptychen und Diptychen, beschrieben und soweit sie lesbar sind, mit Facs. herausgegeben von Giulio de Petra, Le Tavolette cerate di Pompei, Roma 1876, 4. (Atti della R. Accademia de' Lincei, 2. serie, 3. vol.) Probe bei W. Arndt, Tafel 26. Einige von diesen zeigen grosse Aehnlichkeit mit der Schrift der Wachstafeln, welche in Siebenbürger Bergwerken gefunden sind, Urkunden einer armen Provinzialbevölkerung aus dem zweiten und dritten Jahrhundert unserer Zeitrechnung; s. darüber Massmann, Libellus aurarius sive tabulae ceratae et antiquissimae et unicae Romanae, 1840. 4., wo aus Inschriften die Formveränderung der einzelnen Buchstaben mit vielen Beispielen belegt ist, und über die neueren Funde Detlefsen im 23. und 27. Bande der Sitzungsberichte der Wiener Akademie. Vollständig gesammelt mit photogr. Facs. im CIL. III von Zangemeister. Dass diese Schriftart auch förmlich in Schulen gelehrt wurde, beweisen die an verschiedenen Orten gefundenen Backsteine mit Alphabeten und Vorschriften, s. Paur im 14. Band der Wiener Sitzungsberichte, Arneth im Jahrbuch der k. k. Centralcommission zu Erforschung der Baudenkmale, Wien 1856, und Janssen, Musei Lugduno-Batavi Inscriptiones Graecae et Latinae, Lugd. Bat. 1842.

Dieser Schrift verwandt, aber eigenthümlich ausgebildet ist die Schrift der kaiserlichen Kanzlei, aus welcher sich Fragmente des 5. Jahrhunderts in Aegypten erhalten haben. Darüber handelt Jaffé bei Mommsen, Ueber die Fragmente zweier lateinischer Kaiserrescripte, Jahrbücher des gemeinen deutschen Rechts VI, 415, wo auch das Alphabet aus den Wachstafeln und den Rescripten zusammengestellt ist. Nachbildungen geben Massmann im

Libellus aurarius, N. de' Wailly in den Mémoires de l'Institut XV, 1 pl.
I—III, und Champollion-Figeac, Chartes et Manuscrits sur Papyrus,
(Paris 1840) pl. 14. Die Schrift ist sehr gross, mit einem gewissen vor-
nehmen Charakter, und die Buchstaben sind wohl mit einander verbunden,
aber ihre Gestalt nicht wesentlich dadurch verändert.

Nicht direct hieraus hervorgegangen, und von sehr verschiedenem Charakter ist die altrömische Cursive, wie sie vermuthlich schon aus dem
vierten Jahrhundert vorliegt und in ihrer Entstehung aus der Unciale sich
beobachten lässt, in den Anweisungen für den Maler bei W. Schum, Das
Quedlinburger Fragment einer illustrirten Itala (Theologische Studien und
Kritiken 1876); ferner in den Scholien zum Juvenal (A. Mai, Auctt. class. III;
Exempla tab. 5), zum Terentius Bembinus (Exempla t. 8. 9), den Correcturen
zu Livii palimps. Taur. (Mommsen et Studemund, Analecta Liviana ad
p. 31). Jünger sind die Scholien zur Itala Fuldensis (E. Ranke, Fragmenta
versionis antehieronymianae, Marb. 1860 cum Suppl. a 1868; Ex. t. 21), zum
Vergilius Med. (Ex. t. 10), zum Prudentius (Ex. t. 15) und die Randbemerkungen zum Prosper (Ex. t. 4). Aus der Mitte des 6. Jahrh. sind die Unterschriften des Victor ep. Capuanus bei E. Ranke, Novum Test. ex manuscr.
Victoris Capuani, Marb. 1868, und Ex. t. 34.

Völlig ausgebildete, fortlaufend geschriebene Cursive zeigt die Randschrift des arianischen Bischofs Maximin bei Waitz in der oben S. 4 angeführten Schrift, vgl. Ex. t. 22, welche aber, wie Bessell nachgewiesen hat,
wegen Benutzung des Codex Theodosianus jünger als 438 sein muss. Für
die weite Verbreitung dieser Schriftart zeugt das griech.-lat. Glossar (Notices
et Extraits XVIII, 2, pl. 18; Arndt t. 27), welches vermuthlich aus Aegypten
stammt.

Wieder eine andere Schrift, gross und flüchtig, mit sehr mannig-
faltigen Buchstabenformen, die durch Verbindung mit einander stark verändert und verzogen sind, zeigen die Urkunden auf Papyrus, aus Ravenna,
Arezzo, Neapel, von 444 an. Das Hauptwerk darüber ist Marini, I Papiri
Diplomatici, Romae 1805 f. Zuerst bekannt wurde die sog. Charta plenariae

securitatis von 565, anfangs irrig Testamentum Julii Caesaris genannt, fasc. im Supplement zu Mabillon's Diplomatik, auch bei Champollion-Figeac a. a. O. feuilles 8—10; 1—7 eine Urk. von 552. Vorzüglich schön Massmann, Die gothischen Urkunden in Neapel und Arezzo, Wien 1838. Pal. Soc. 2 u. 28 von 572. Diese Schreibart hat sich in Italien, wenn auch nicht unverändert, doch in unmittelbarer Fortdauer, sehr lange erhalten, wovon Fumagalli, Delle instituzioni diplomatiche, Vol. I, Silvestre und Sickel Proben aus dem 8. und 9. Jahrhundert geben; am längsten in Unteritalien, wo endlich Friedrich II das fast unleserlich gewordene Gekritzel der Notare verbot. Vgl. die Schriftproben im Codex diplomaticus Cavensis I und II (Neapel 1873 u. 1875. 4.).

Auch zu Bücherschriften wurde diese Cursive verwendet, zu Schriften, welche erst damals neu verfasst wurden, wie die Gesta Pontificum Romanorum (s. Pertz im Archiv V, 70—75, Facs. bei Scotti, Memoria supra un codice palimpsesto, Neap. 4. s. a.) und grammatische Tractate; doch auch zu Abschriften älterer Werke, wie der Josephus Ambros. auf Papyrus (Pal. Soc. pl. 59), Valerii res gestae Alexandri über dem Turiner Cod. Theodosianus (Exempla t. 25). In der Canonensammlung s. VI. medii sind die Daten so geschrieben (Ex. 41), und bei L. Delisle, Notice sur un manuscrit Mérovingien contenant des fragments d'Eugyppius, appartenant à M. Jules Desnoyers (Paris 1875, 4.) erscheint neben anderen Schriftgattungen auch diese in den ausgezeichnet schönen Schriftproben.

Zu den echten Proben dieser Schrift gehört aber nicht das fabelhafte sardinische Lobgedicht auf den König Ihaletus, obgleich die paläographische Fälschung weit besser als die Fabrikation des absurden Inhalts gelungen ist. Die Prüfung der Pergamene di Arboréa durch eine Commission der Berliner Akademie, in welcher Jaffé die paläographische Untersuchung übernahm (Monatsbericht vom Januar 1870 S. 64—104), ist trotz der noch immer erneuten Rettungsversuche für die Wissenschaft endgültig.

V

Die Nationalschriften.

Ueber diese Bezeichnung sind einst heftige Streitigkeiten geführt worden. Man hat mit Recht die ursprüngliche Meinung Mabillon's zurückgewiesen, welcher in diesen Schriften nationale Producte der verschiedenen Völker sah; wohl aber kann man dennoch den Namen gebrauchen, indem allerdings diese Schriftarten unter den Völkern, deren Namen sie führen, auf gemeinschaftlicher Grundlage ausgebildet wurden. Diese Grundlage ist die römische Cursive, verbunden mit Elementen der Uncialschrift, und es ist deshalb nicht zu verwundern, wenn man in den verschiedenen Schriften oft der vollständigsten Uebereinstimmung in einzelnen Eigenthümlichkeiten begegnet. Auch ist deshalb eine ernstliche Beschäftigung mit der römischen Cursive, so selten sie auch für praktische Zwecke uns entgegen tritt, dringend zu empfehlen, weil dadurch allein ein sicheres und gründliches Verständniss der Nationalschriften zu gewinnen ist, und auch die gewöhnliche Minuskel noch Nachwirkungen dieser Schreibarten enthält.

Als nämlich überall nach und nach wieder geordnetere Zustände eintraten, und auch wissenschaftliche Beschäftigung mit neuem Eifer getrieben wurde, bildete man die ganz verwilderte Schrift, der unbequemen Majuskelschrift entsagend, wieder kalligraphisch aus, und so entstanden diese Spielarten, welche durch das Uebergewicht des Frankenreiches und seiner Cultur, und durch die grössere Einfachheit und Zweckmässigkeit der Minuskel immer mehr beschränkt und endlich überwältigt wurden.

Ausgesondert habe ich von diesem Abschnitte die irische und angelsächsische Schrift, weil diese ohne Einwirkung der Cursive entstanden ist, während dagegen die Schrift der päbstlichen Kanzlei als eine Abart der langobardischen betrachtet werden kann.

a. Langobardische Schrift.

Aus der verwilderten Schrift mit phantastischen Initialen verziert (z. B. bei Mabillon S. 353) bildete sich im neunten Jahrhundert eine neue

Kunstform, welche besonders in Montecassino und La Cava sehr zierlich entwickelt wurde und im elften Jahrhundert unter dem Abt Desiderius ihren Höhepunkt erreichte, auch sehr reich mit Initialen und Bildern geschmückt wurde. Prachtvolle Nachbildungen davon findet man bei Silvestre, in Westwood's Palaeographia sacra pictoria, und ohne Farben auch bei Seroux d'Agincourt; jetzt eine reiche Fülle schöner Proben in der Bibliotheca Casinensis, und der Paleografia artistica di Montecassino (Longobardo-cassinese) 2. Heft 1877, 3. Heft 1878. Diese Schrift wurde nach und nach immer eckiger (Lombard brisé), oft geradezu gitterförmig und dadurch schwer zu lesen.

In der ältesten Zeit ist diese Schrift der merowingischen sehr ähnlich, und es kann daher nicht auffallen, dass die Bezeichnung mancher Handschriften unsicher und bei verschiedenen Autoren verschieden ist. Dazu gehört der jetzt Bamberger Codex des Gregorius Turon. de cursu stellarum, etwa s. VIII, facs. von G. F. Haase in einem Breslauer Programm von 1853; der Veroneser Isidor s. VIII bei Sickel I, 2, Exempla t. 29. 30, der Münchener Orosius bei Silvestre vol. III. Der Mailänder Isidor aus Bobio s. IX (Pal. Soc. 92) zeigt, dass diese Gestaltung doch auch dem nördlichen Italien nicht fremd war; wesentlich aber fand sie ihre Ausbildung in den langobardischen Fürstenthümern Unteritaliens und hat auch davon ihren Namen.

Eine sehr kleine bewunderungswürdig gleichmässige, schöne Schrift mit zierlichen bunten Initialen finden wir in der Bibel von La Cava s. IX, von der Silvestre eine schöne Probe giebt (grössere Codex dipl. Cavensis in App. Vol. I.). Ueber die Handschrift mit ihren Randglossen gegen die Arianer s. auch Ziegler, Bruchstücke einer vorhieron. Uebersetzung der Petrusbriefe, Sitzungsber. der Münchener Akad. 1876 S. 654 ff. Eine kleine Probe giebt auch Pertz im Archiv V, 452. Ebenda zu S. 14 ist die Unterschrift des Abtes Desiderius; seiner Zeit gehört auch die Handschrift des Widukind (Mon. Germ. SS. III) und des Leo von Ostia (ib. VII. Arndt T. 32), so wie das Registrum Johannis VIII papae, facs. bei Schafarik und Palacky, Aelteste Denkmäler der böhmischen Sprache, Abhandl. d. böhm. Ges. d. Wiss. V. Folge 1. Band. Die schöne Probe aus dem Vat. 4222 des Augustin, welche A. Mai, Nova Patrum Bibl. I tab. 12 giebt, setzt dieser in das neunte bis zehnte Jahrhundert. Ich erwähne noch das schöne Facs. bei Ant. Rocchi, Il Ritmo Italiano di Montecassino del secolo X (1875), den Wiener Virgil s. X bei Sickel IV, 7, den Bamberger Paulus Diac. bei Arndt T. 7. Gegen das Ende des 13. Jahrhunderts verschwindet diese Schriftgattung.

In einem Inventar aus Montecassino von 1497 (bei Caravita, I codici e le arti a Montecassino I, 389) werden Bücher in littera moderna und in littera longobarda unterschieden. Sonst heisst diese Schrift auch littera Beneventana, und mit demselben Namen bezeichnete man wohl auch die ganz eigenthümliche Schrift der päbstlichen Bullen (s. Marini, I Papiri Diplomatici p. 226), doch ist diese eine ganz besondere Fortbildung der römischen Kanzleischrift. Johannes X nennt sie 920 (Jaffé n. 2728) scripta notaria. Diese Schrift, die wieder bedeutende Varietäten umfasst, blieb mit dem alten Material, Papyrus, welches aber schon im 11. Jahrh. ausging, bis in den Anfang des 12. Jahrhunderts üblich, obgleich die Gläubigen sie oft nicht lesen konnten; cf. Chron. s. Huberti c. 25, Mon. Germ. SS. VIII, 585. Facs. von Paschalis I a. 819 Jul. 11 (Jaffé 1939) bei Gloria tav. 22; Bened. III a. 855 Oct. 7 (Jaffé 2008) bei Champollion-Figeac, Chartes et Doc. sur Papyrus, feuilles XI. XII; Nicol. I a. 863 Apr. 28 (Jaffé 2049) bei Letronne, Dipl. Meroving. pl. 48; Joh. VIII. a. 876 Oct. 15 (Jaffé 2280) Champ. F. 1—IX; 877 Juni (J. 2335) f. X; Stephan V a. 891 Mai (J. 2664) im sog. Apparatus Koppianus; Silv. II a. 999 Nov. (J. 2994) Bibl. de l'École des chartes XXXVII, 108; Joh. XVIII a. 1004 Oct. (J. 3015) u. unbestimmte Fragmente bei Lupi, C. D. Bergom. I, 762 u. Marini Tab. I n. XL. LII; Urban II a. 1097 Mart. 27 (J. 4255) Mab. Dipl. Suppl. in fine; 1098 Apr. 3 Mon. Graph. V, 4; Pasch. II a. 1104 Oct. 24 (J. 4463ᵃ) ib. V, 6; und noch einige mangelhafte Proben bei Mab. und in Schannat's Vindiciae. In manchen dieser Bullen sind nur noch geringe Reste der Kanzleischrift, oft nur in dem A von Anno, wie bei Clem. II (J. 3151) in Sverges Tractates ed. Rydberg. Auch von Alexander II ist im Berliner Archiv ein Privileg vom 13. Jan. 1063 (J. 3383)·in gewöhnlicher Schrift; Nicol. II v. 25. Apr. 1061 bei **Hickes**, Thes. I, 177 hat die Schrift der kaiserlichen Kanzlei. Noch unter Urban II und Paschalis II kommt beiderlei Schrift vor, dann verschwindet die alte Kanzleischrift und räumt den Platz einer sehr zierlichen und ungemein deutlichen Minuskel; von dieser sind vorzügliche Proben in reicher Auswahl in **Sickel's** Monumenta Graphica.

Eine eigenthümliche, nur scheinbar alterthümlich aussehende Schrift ist die sogenannte **littera Sancti Petri**. Sie heisst auch **scrittura bollatica**, auch **scrittura liegese**, und soll nach **Marini**, Diplomatica Pontificia (Romae 1841) durch Adrian VI in die Dataria apostolica eingeführt sein; noch ein Breve Sixtus IV von 1484 bei **Gloria** tav. 28, 2 hat humanistische Schrift; Breven von 1640 u. 1673 bei **Merino** t. 54 sind noch erträglich, von vollendeter Hässlichkeit ein Breve von 1754 bei **Chassant**, Paléographie des Chartes et des Manuscrits du 11. au 17. Siècle, pl. 9. Es ist eine greuliche, verzerrte, schwer lesbare Schrift, welcher deshalb jetzt gleich eine Abschrift beigelegt zu werden pflegt. Spanisch heisst sie **letra despedazada**.

Während ein näheres Eingehen auf das schwierige Feld der älteren päbstlichen Diplomatik hier unmöglich ist, will ich doch den einen Umstand hervorheben, dass die gewöhnlich für eigenhändig gehaltenen Unterschriften der Päbste und Cardinäle nur von ihren Schreibern herrühren; sie selbst machten oder vollendeten nur das davor stehende Zeichen. Wer in einem grösseren Archive dieselbe Unterschrift durch eine Reihe von Bullen verfolgt, wird sich von der Wahrheit dieser Behauptung bald überzeugen; s. Das Schriftwesen im Mittelalter (2. Ausg.) S. 391.

b. Westgothische Schrift.

In Spanien hat die Schrift eine der langobardischen sehr ähnliche Entwickelung gewonnen, welche jedoch durch manche Eigenthümlichkeiten sich unterscheidet. Das Hauptwerk darüber ist **Merino**, Escuela paleographica, Madrid 1780 f. Daraus sind auch die Proben gewöhnlich genommen welche man in anderen Büchern findet; ein mangelhafter Auszug ist von Delgrás, Compendio di Paleografía Española, Madrid 1857.

Auf der Synode von Leon soll 1096 unter Vorsitz des neuen Erzbischofs Bernhard von Toledo, eines Cluniacensers, und des Legaten Renerius beschlossen sein 'ut de cetero omnes scriptores omissa littera Toletana, quam Gulfilas Gothorum episcopus adinvenit, Gallicis litteris uterentur'. Doch hat man die Acten nicht, und Bernhards eigene Unterschrift unter einer Urkunde von 1113 (Champollion-Figeac, Chartes Lat. Franç. etc. n. VI) ist westgothisch. Die Unterschrift scheint autograph zu sein, und sicher muss er die Urkunde gesehen haben, welche in einer schönen und gut lesbaren westgothischen Schrift ausgestellt ist. Sie ist aber das letzte mir bekannte Beispiel.

Zu bemerken ist, dass Merino die Andalusische Bibel in Toledo (lám. V, 2. 3; Arndt t. 8) auf der Tafel als a. 708 bezeichnet, weil die Editoren der Biblia Complutensis sie, die nach der Tradition dem Isidor von Sevilla gehört haben sollte, älter als die Eroberung ansetzten; ebenso die beiden Bibeln von Alcalà (lám. VI, 1. 2.) saec. VIII. Aus dem Text geht hervor, dass alle drei aus dem 10. Jahrhundert sind.

Angeblich aus dem 6. Jahrhundert ist der Augustin de baptismo, welcher als Autograph galt, bei Merino III, 1 (Arndt 8[a]); aus dem 8. der Wolfenbütteler Prosper (Weissenb. 64), von welchem Walther im Lex. dipl. tab. II eine Probe giebt, in noch wenig entwickelter Uebergangschrift.

Innerhalb der schon kalligraphisch ausgebildeten Schrift sind verschiedene Gattungen, welche sich wesentlich auf zwei zurückführen lassen. Merino, welcher diese Schreibart überhaupt als 'Gothica redonda' bezeichnet, unterscheidet Castilische und Andalusische; eine Linie von Cartagena über Toledo nach Santiago bilde die Grenze: südlich davon brauchte man die gedrängtere spitzigere Schrift, wie in der Andalusischen Bibel, die andere in Castilien und Leon. Daneben hält sich eine andere hässliche und schwer lesbare Schrift (Merino lám. IV), welche man als cursiv bezeichnen kann; Anwendung derselben in Büchern ist nicht bekannt, ausgenommen in dem Hieronymus Mer. III, 3, Arndt 8[b], welcher aus dem 8. Jahrh. sein soll.

Westgothisches Alphabet in seinen verschiedenen Formen bei Merino käm. XVI, die sehr eigenthümlichen Abkürzungen XIV, XV, die Zahlzeichen IX, 2.

Kalligraphisch schön mit feiner sauberer Schrift sind schon die codd. Casin. 4. u. 19, welche zusammen gehören, mit Randglossen aus dem 8. Jahrh., s. Bibl. Casin. I, tab. III, 1. X, 1. Aus dem 8. Jahrh. soll das Sacramentarium Gellonense der Pariser Bibliothek sein, aus welchem Graf Bastard livr. 14 acht Tafeln giebt mit reichster Auswahl der phantastischen Initialen aus Fischen und Vögeln; daraus Tymms u. Wyatt pl. 8. Ebenso die Hs. in Alby 29, welche ich für westgothisch halte, Facs. im Catal. des Manuscrits des Départements I (1849) p. 487. Aus dem prachtvollen Martyrologium von 919 Pal. Soc. 95. Arndt tab. 29. Aus dem Pariser cod. Fond latin 2855 von 951 eine Seite Silv. III; auch eine Urkunde von 1077. Hs. von 1095 bei Arndt 8ᵉ aus Merino käm. 13. Aus der prachtvollen 1109 nach zwanzigjähriger Arbeit vollendeten Handschrift des Beatus super Apocal. (Brit. Mus. 11,695) Westwood Palaeographia sacra pictoria farbig, Pal. Soc. pl. 48. 49; Arndt t. 31. Schöne u. seltsame Initialen farbig bei Bachelin-Deflorenne, Catalogue de livres rares, Paris 1878.

Jüngere Handschriften und Urkunden haben kaum noch schwache Nachklänge westgothischer Formen.

c. Merowingische Schrift.

Diese Schrift ist nie zu kalligraphischer Durchbildung gelangt, weil ihre eigenthümliche Entwickelung durch die karolingische Reform abgeschnitten wurde. Sie begegnet uns vorzüglich in Urkunden, aus welchen sie ja auch hervorgegangen ist, wird aber da verkünstelt und verschnörkelt, die Buchstaben sehr zusammengedrängt und deshalb oft schwer zu lesen. Auch Bücher sind darin geschrieben, und hier erscheint diese Schrift oft neben entarteter Uncialschrift, mit ihr gemischt und wechselnd. In Bezug auf den Sprachgebrauch ist zu bemerken, dass man merovingische Schrift entweder die Schrift nennen kann, welche im merowing. Reiche gebräuchlich war, und

3*

innerhalb welcher viele Varietäten vorkommen, oder die Schrift welche mit der merow. Urkundenschrift am meisten Verwandtschaft zeigt, wie z. B. Arndt Taf. 11 (nach E. Ranke, Par palimpsestorum Wirceburg. Wien 1871). In diesem Sinn gebraucht Mabillon das Wort, indem er Handschriften, welche im merow. Reiche geschrieben sind, als langobardisch bezeichnet. Ich würde es vorziehen, den aus Corbie stammenden Venantius Fortunatus (Mab. p. 353, Arndt 6) als merowingisch zu bezeichnen. Vgl. damit den Codex canonum Paris. 3836 Colb. 784 s. VIII (Pal. Soc. 8. 9) u. die Unterschrift des Evang. v. Autun von 754 (oben S. 5). Schöne Proben geben Silvestre und Sickel, Graf Bastard, Champollion-Figeac in den Chartes et Manuscrits sur Papyrus, auch aus dem Avitus auf Papyrus die Études paléographiques et historiques sur le Papyrus du sixième siècle, Genève 1866, von L. Delisle, A. Rilliet u. H. Bordier; 1 Seite Pal. Soc. 68. Besonders ausführlich behandelt, mit vielen vortrefflichen Proben, ist diese Schriftgattung von Mabillon in seinem hierfür noch immer classischen Werke De Re Diplomatica, und von N. de Wailly in den Eléments de Paléographie, Paris 1838. Verschiedene Schriftarten in derselben Handschrift in der S. 5 angeführten Notice von L. Delisle; auch Arndt T. 28. Für die Schrift der merowingischen Urkunden ist noch vorzüglich anzuführen: Letronne, Diplomata et Chartae Merovingicae aetatis in archivo Franciae asservata, Paris 1848, wo alle erhaltenen Originale facsimilirt sind; zu vergleichen, da nicht alle echt sind, mit dem später erschienenen Texte von Jules Tardif in den Inventaires et documents publiés par ordre de l'Empereur (Monuments historiques), Paris 1866 mit 14 Tafeln in Fol. maj. als Série II. Schöne Nachbildungen von Urkunden des 8. Jahrhunderts giebt auch Kopp in seinem Werk de Tachygraphia veterum: in der Kanzlei Karls des Grossen hielt man mit geringer Veränderung an dem alten Brauche fest. Deshalb ist auch hier schon das classische Werk Sickels über die Urkunden der Karolinger zu erwähnen, nebst den dazu gehörigen Schrifttafeln aus dem Nachlasse von U. F. von Kopp (Wien bei C. Gerold's Sohn 1871), worin 15 Tafeln nach karolingischen Diplomen von 753 bis 820, mit sämmtlichen

Kanzlerunterschriften, enthalten sind. Vgl. auch Herquet, Specimina diplomatum monasterio Fuldensi exhibitorum, Cassel 1867. Eine ausgesuchte Folge in kleineren Bruchstücken bietet das Musée des Archives, Paris 1867, 4. Urkunden von 680 u. 750 Pal. Soc. 119. 120.

VI

Halbuncialschrift.

Während aus der Cursive sich neue Schriftgattungen entwickelten, hielt man doch zugleich auch an der überkommenen Uncialschrift für Bücher fest, mischte diese aber häufig in zunehmendem Grade mit Formen, welche theils aus der Cursive stammen, theils durch Degeneration in der Uncialschrift selbst entstanden. Den Anfang dieser Bildung berührten wir schon oben bei der Uncialschrift. Schon im sechsten Jahrhundert entstanden auf diese Weise Handschriften, welche grosse Aehnlichkeit mit der späteren Minuskel haben, und die man deshalb auch vorkarolingische Minuskel nennen kann. In der eigentlichen Bücherschrift bestand ein specifischer Unterschied von der Uncialschrift nicht, und man konnte deshalb auch ein Manuscript dieser Art als Romana scriptura geschrieben bezeichnen, wie es im elften Jahrhundert im Catalog der Bibliothek von Saint-Père de Chartres geschah (Bibl. de l'École des chartes III, 5, 266), ein Ausdruck mit welchem sonst die reine Uncialschrift im Gegensatz der Urkundenschrift gemeint ist, wie im Chron. Fontanellense (Mon. Germ. II, 287—289). Halbuncial ist schon die gleichzeitige Fortsetzung der Fasti consulares von 487 bis 494 im Veroneser Palimpsest (Exempla 30); ferner der 509 oder 510 geschriebene Hilarius, bei Mabillon S. 355, Nouveau Traité III, 263, Ottley VI, 9. Ottley war durch den antiken Charakter der Bilder in der von ihm behandelten Handschrift der Aratea (Archaeologia XXVI) so erfüllt von dem Glauben, dass hier unmöglich eine spätere Nachahmung vorliegen könne, dass er den vergeblichen Versuch machte, die Existenz karolingischer Minuskel schon in antiker Zeit nachzuweisen. Konnte nun auch dieser Versuch nicht gelingen, so verdanken wir ihm doch eine schöne Zusammenstellung von Schriftmustern, unter welchen namentlich das aus dem Nouveau Traité III pl. 46 entlehnte von dem 517 in Verona geschriebenen Sulpicius Severus (per me Ursicinum lectorem eccl. Veron. Agapito consule) die frühe Entstehung dieser alten halbuncialen Minuskel mit einem dafür so seltenen urkundlichen Datum nachweist. Vgl. Exempla 32. Dass die Unterschrift mit dem Texte erst später abgeschrieben sei, ist behauptet, aber nicht wahrscheinlich. Dieselbe Schrift finden wir in dem Pabstcatalog bis 523, fortgesetzt bis c. 530 aus Corbie (cod. Paris. 12097, Mab. p. 357; Ex. 40) nebst der dazu gehörigen Canonensammlung (Ex. 41. 42); in dem Cölner Pabstcatalog bis auf Agapit (535. 536), fortgesetzt bis auf Gregor I (Ex. 37. 38), mit der wenig jüngeren Canonensammlung (Ex. 44). Aehnlich mehrere Proben aus Veroneser Handschriften bei Sickel I, 2. III. 1. IV, 2 und bei A. Mai, Nova Patrum Bibl. I Tab. 12 u. 13; auch die obere Schrift über den gothischen Fragmenten bei A. Mai, Ulphilae Specimina, wiederholt in Aschbach's Geschichte der Westgothen; in Berlin der Codex Theol. Lat. fol. 354 von Gregor's Moralien (Arndt 5). Auch den Gregor von Tours (Arndt 13) kann man dahin rechnen.

Durch die karolingische Reform wurde diese Schreibart verdrängt, aber noch lange finden wir ihre Ausläufer in den Handschriften der Volksrechte, welche von den damals noch schreibkundigen Laien geschrieben wurden, und von der Einwirkung der Schule Alkuins nicht berührt waren. So der überaus fehlervolle Papian (Arndt 14) und die Lex Romana Wisigothorum (Arndt 15ª).

VII

Irische Schrift.

Vom sechsten Jahrhundert an war Irland das Hauptland der Kalligraphie, und auch hier bildeten sich eigenthümliche Schriftgattungen aus, welche aber von den früher erwähnten Nationalschriften unterschieden werden müssen, weil sie nicht auf dem Boden der Cursive erwachsen sind. Die Bewohner der Insel hiessen damals Scotti, und deshalb hat man später auch ihre eigenthümliche Schrift Scriptura Scottica genannt. Hauptwerke darüber sind: Astle, The Origin and Progress of writing, 1783 und 1803, Westwood, Palaeographia sacra pictoria, und Miniatures and Ornaments of Anglo-Saxon and Irish manuscripts, 1868, mit ausserordentlich schönen farbigen Nachbildungen, F. Keller, Bilder und Schriftzüge in den irischen Manuscripten der schweizerischen Bibliotheken, Mittheilungen der Antiquarischen Gesellschaft in Zürich, VII, 3. 1852. Verschiedene englische Prachtwerke, welche in neuester Zeit erschienen sind, beschäftigen sich vorzüglich mit der Ornamentik, und sind auf dem Continent leider schwer zugänglich. Viele schöne Proben, doch ohne Farben, giebt die Palaeographical Society. Vgl. F. W. Unger, La Miniature Irlandaise, Revue Celtique I, 9—26. Hofmann in den Sitzungsberichten d. Münch. Akademie 1871 S. 675.

Diese Irländer haben drei scharf unterschiedene Schriftgattungen, nämlich:

1. Uncialschrift, z. B. in S. Kilian's Bibel und Columban's Missal;

2. eine grosse runde Halbuncialschrift, kalligraphisch ausgebildet, vorzüglich zu liturgischen Büchern;

3. eine kleine spitzige Schrift, welche man als cursive bezeichnen kann, die aber mit der altrömischen Cursive nicht verwandt ist. Diese hielt sich länger als die anderen Gattungen, und blieb namentlich für irische Sprache im Gebrauch. Eine fortlaufende Reihe von Proben bei Eug. O'Curry, Lectures on the Manuscript Materials of ancient Irish History, Dublin 1861. Die letzte ist seine eigene.

Ausserhalb unserer Aufgabe liegt die Geheimschrift Ogham, deren Ursprung streitig ist.

Zu Ueberschriften und Anfangszeilen dienten Majuskelbuchstaben, welche in seltsamer Weise, namentlich mit eckigen Formen anstatt der Rundungen, verzerrt wurden und auf den ersten Blick ganz unkenntlich sind. Vorzüglich liebten aber die Iren den reichsten Farbenschmuck und verzierten die Initialen und ganze Seiten mit der künstlichsten Verflechtung von Spiralen und schmalen farbigen Bändern, von denen Giraldus Cambrensis sagt: 'Sin autem ad perspicacius intuendum oculorum aciem invitaveris, et longe penitus ad artis arcana transpenetraveris, tam delicatas et subtiles, tam actas et arctas, tam nodosas et vinculatim colligatas, tamque recentibus adhuc coloribus illustratas notare poteris intricaturas, ut vere haec omnia angelica potius quam humana diligentia iam asseveraveris esse composita.' Mindestens wurden die grossen Buchstaben mit Reihen rother Punkte umgeben; ausser diesen aber sind vorzüglich charakteristisch die mit Vorliebe überall angebrachten Köpfe von Schlangen, Hunden und Vögeln. Während nun diese Ornamente oft sehr geschmackvoll erscheinen, sind menschliche Figuren bis zur Caricatur verzerrt; am besten gerathen aber sind die Gestalten in dem Book of Kells in Dublin, welches dem h. Columbkill gehört haben soll und für das älteste gilt, so dass wir wohl eine wachsende Entartung auf diesem Gebiete anzunehmen haben, nachdem man anfänglich die aus der römischen Welt erhaltenen Vorbilder noch leidlich nachgeahmt hatte. Die Pal. Soc. giebt aus dem Book of Kells, welches hier ins 7. Jahrh. gesetzt ist, die Tafeln 55—58. 88. 89; aus den Gospels of Mac Regol vom Anfang des 9. Jahrh. 90 u. 91.

Die Schottenmönche haben sich nun bekanntlich über den ganzen Continent verbreitet, und theils Bücher mitgebracht, theils neue geschrieben; daher stammt der Reichthum an solchen Schriften in der Schweiz, in Würzburg, in Frankreich und Italien, wo Luxeuil und Bobio Stiftungen irischer Mönche waren. Sie haben auf die Ornamentation fränkischer, langobardischer, westgothischer Handschriften den bedeutendsten Einfluss geübt, und auch in Urkunden begegnen wir ihren Schriftzügen. In Fulda, wo ja Marianus Scottus gelebt hat (über seine irischen Expectorationen s. Zeuss, Grammatica Celtica I p. XXVIII n.), war diese Schrift noch im 11. Jahrhundert ganz üblich, im zwölften aber entschuldigt sich schon der Compilator der Traditionen, dass er sie nicht recht lesen könne. Der Regensburger Marianus Scottus, ein berühmter Kalligraph, hat 1019 den Wiener Codex 1247 sehr schön geschrieben, aber in ganz gewöhnlicher fränkischer Minuskel. Eine irische Glosse über seinem Namen zeigt dagegen auch irische Schriftzüge, s. Revue Celtique I, 263.

VIII

Angelsächsische Schrift.

Die Angelsachsen waren Schüler der Iren, hatten aber zugleich auch andere Lehrmeister an den römischen Missionaren. Hier vereinigte sich die Einwirkung der beiden hervorragendsten Kalligraphenschulen des Abendlandes. Proben ihrer verschiedenen Schriftarten sind in Fülle zu finden bei Astle, in den S. 22 angeführten Werken von Westwood, den Heften der Pal. Soc. und sonst an vielen Orten. Von den Handschriften, welche Gregor der Grosse an S. Augustin gesandt hat, ist vielleicht noch etwas übrig; die Evangelien im Corpus Christi College, Cambridge (S. Augustine's Gospels) in Uncialschrift erscheinen nach Digby Wyatt auch in Verzierung und Bildern ganz antik, und möchten wohl römische Arbeit sein (Pal. Soc. wo sie in die zweite Hälfte des 7. Jahrh. gesetzt werden, pl. 33 der Text, 34 u. 44 die einzig erhaltenen Bilder), während andere Handschriften sehr ähnlich erscheinen, aber doch wieder durch die verdächtigen rothen Punkte und Schlangenköpfe irische Einwirkung verrathen, und also in England entstanden sein werden. Auch Urkunden angelsächsischer Könige sind in Uncialschrift geschrieben, s. das Prachtwerk: Facsimiles of ancient charters in the British Museum I—III, 1873—1877 in Folio, ungemein wichtig und reichhaltig für die Geschichte der Schrift bis 995. In Lindisfarne, dem von Iren 634 in Northumberland begründeten Bisthum, wirkte auch nach dem Obsiegen der Angelsachsen 664 die irische Schule fort; hier liess Bischof Eadfrith (698—721) zum Andenken an seinen Vorgänger Cuthbert das Durham book oder S. Cuthbert's Gospels schreiben (jetzt Cotton Nero D. IV, s. Waagen, Kunstwerke in England I, 134 f. Westwood, Astle pl. 14, Pal. Soc. 3—6 u. 22) in Halbuncialschrift, zu welcher 950 eine angelsächsische Interlinearversion hinzugefügt wurde. Illuminirt ist die prachtvolle Handschrift ganz in irischer Weise; die Gestalten sind sinnlos, die Ornamente aber ungemein reich und schön, die Farben vortrefflich. Hier ist auch Gold angewandt, welches den Irländern noch fehlte.

Die Angelsachsen lernten von den Römern auch die Purpurfärbung des Pergaments, oder wussten sich dieses kostbare Material zu verschaffen, und waren bald hervorragende Meister in der Goldschrift, welche sie mit grosser Vorliebe anwandten. So liess im 7. Jahrhundert Wilfrid von York die Evangelien in Gold auf Purpur schreiben, welche für ein Weltwunder galten.

Auch die gewöhnliche Schrift lernten die Angelsachsen von den Iren, haben ihr jedoch einen etwas veränderten Charakter gegeben; oft aber ist die Herkunft zweifelhaft und auch der Name Scriptura Scottica umfasst beides. Vielleicht von Bonifatius eigener Hand rühren die angelsächsischen Glossen des S. 4 angeführten Codex Fuldensis her, in kleiner spitziger, von Cursivformen erfüllter Schrift. In späteren Jahren bat sich Bonifatius eine Abschrift der Propheten aus, die claris et absolutis litteris geschrieben war, 'quia caligantibus oculis minutas litteras ac connexas clare discernere non possum'. Denn so verbessert E. Ranke in ep. 55 ed. Jaffé wohl richtig für discere. Wie verkehrt, überflüssig und irreführend der übliche Gebrauch besonderer Typen für angelsächsische Schrift ist, hat J. Grimm schon 1833 bemerkt, wiederholt Kl. Schriften V, 163.

Bald machten die Angelsachsen sich von der irischen Barbarei in Bildern und Initialen los, und wenn auch die angelsächsischen Umrisszeichnungen mit ihren langen Gliedmaassen und fliegenden Gewändern sehr grottesk sind, so lag doch darin der Keim zu einer eigenen, auf Naturbeobachtung begründeten Entwickelung der Kunst. So in den Bildern zum Caedmon, Archaeologia 24.

Die angelsächsischen Missionare brachten diese Schrift, vorzüglich die Minuskel, wenn wir sie so nennen dürfen, in das fränkische Reich, wo sie auf die Gestaltung der neuen fränkischen Minuskel eingewirkt hat und etwa bis ins 11. Jahrhundert an vielen Orten geschrieben wurde. Von dem vermuthlich 684 geschriebenen Epternacher Martyrol. mit Randbemerkungen von Willibrord (Paris. Lat. 10,837) hat schon Papebroch eine Seite in Facs. gegeben im Propylaeum Antiquarium (Acta SS. Apr. II). Verschiedene Proben sind in den Mon. Germaniae, bei W. Arndt Taf. 9. 33 – 35.

Dagegen wirkte bald auch die fränkische Schreibkunst bedeutend auf England ein, und die Schreibkünstler von Hyde Abbey oder New Minster bei Winchester im zehnten Jahrhundert schrieben in karolingischer Minuskel, wie auch ihre eigenthümliche Ornamentik fremder Herkunft ist: ihr grösstes Kunstwerk, Godemans Meisterstück, ist das Benedictionale des Bischofs Ethelwold (963—984), beschrieben und mit vielen Nachbildungen herausgegeben von John Gage, Archaeologia Vol. 24. In dem von Wulfwin mit dem Beinamen Cada geschriebenen Psalter aus dem 11. Jahrhundert, welcher im Besitz des Herzogs von Berry war und sich jetzt in Paris befindet (Lat. Suppl. 333), ist in schmalen Columnen neben einander der lateinische Text in schöner fränkischer Minuskel geschrieben, der angelsächsische in der Schrift, welche immer mehr als dieser Sprache eigenthümlich betrachtet wurde. Facs. bei Silvestre IV und in dem unvollendeten Prachtwerk des Grafen Auguste Bastard, Librairie de Jean de France, duc de Berry. Paris 1834.

Nach der Eroberung soll König Wilhelm I, wie Ingulf von Croyland berichtet, den modus scribendi Anglicus verboten und den modus Gallicus eingeführt haben; doch ist das nicht wahr: es giebt von ihm Urkunden in angelsächsischer Schrift und Münzen mit der Rune wen, s. Archaeologia 26, 256 und pl. I. Namentlich für englische Sprache erhielt sich die einheimische Schrift, endlich jedoch blieb nur das eigenthümliche Zeichen für th übrig, welches aber zuletzt unverstanden wie y geschrieben und gedruckt wurde. Im 12. Jahrhundert erscheint die Schrift noch in voller Uebung in dem Psalter Eadwine's, der mit hohem Selbstgefühl von sich sagte:

Scriptorum princeps ego, nec obitura deinceps

Laus mea nec fama: qui sim mea littera clama.

Doch ist auch hier der lateinische Text des in drei Versionen geschriebenen Psalters in fränkischer, schon völlig ausgebildeter Minuskel geschrieben, nur die angelsächsische Interlinearversion in der Nationalschrift, welche auf diese Bestimmung eingeschränkt erscheint. Facs. in Westwood's Palaeographia sacra pictoria.

4 *

IX

Die karolingische Minuskel.

Das Capitulare von 789 verordnet cap. 71 sorgfältige Correctur der kirchlichen Bücher; sie sollen nur von erwachsenen Männern unter besonderer Aufsicht geschrieben werden. Zu der neu auflebenden Kritik des Textes, welche sich namentlich auch auf Herstellung der ganz verwilderten Orthographie und Interpunction richtete, trat die Pflege der Handschrift. Man ist damals für Prachtstücke zur Uncialschrift zurückgekehrt, für den gewöhnlichen Gebrauch aber wurde eine Minuskel ausgebildet, die wesentlich eine Reform der merowingischen Schrift unter Einfluss der alten Minuskel darstellt. Sie ist zu eigenthümlich, als dass wir sie nicht auf einen bestimmten Ausgangspunkt zurückführen müssten, und dieser kann kein anderer sein als die berühmte Schule im Martinskloster zu Tours, welcher von 796 bis 804 Alcuin vorgestanden hat. Es hat freilich Jaffé dagegen eingewandt, dass bei solcher Herkunft die Schrift einen vornehmlich angelsächsischen Charakter haben müsste, allein dieser Grund scheint mir nicht stichhaltig zu sein. Denn wenn in der Schreibschule zu Tours, deren grosse Thätigkeit unzweifelhaft ist, ein anderer Schriftcharakter üblich gewesen wäre, so müsste sich dieser doch wohl in den zahlreich erhaltenen Handschriften jener Zeit noch nachweisen lassen. Es hatte aber auch die Schreibthätigkeit schon viel früher begonnen, von 781 ist Godescalks berühmtes Evangeliar. Am Hofe wurde fleissig geschrieben und in St. Wandrille errichtete 787 Abt Gervold eine Schreibschule. An vielen Orten wird ähnliches geschehen sein. Persönlich wird Alcuin hierauf wenig Einfluss geübt haben; ein Manuscript, welches er an Arn schickte (Colon. CVI), zeigt viele verschiedene Hände (Arndt Taf. 33. 34. 37—40). Aus St. Martin stammt der Berner Virgilcodex 165 in karol. Minuskel, s. C. W. Müller, De codd. Virgilii, tab. III, spec. III. Minuskel und Kanzleischrift gemischt ist in dem Heidelb. Paulus D. s. die Ausgabe von G. Waitz tab. IV. So blieben längere Zeit verschiedene Schreibweisen neben einander im Gebrauch; Alcuins Schüler aber verbreiteten sich durch das ganze Frankenreich und mit ihnen die neue Minuskel. Sie erinnert bald mehr an merowingische Schrift, bald an die Halbuncialschrift, und nimmt nicht selten auch angelsächsische Elemente auf; nach und nach hat sich aus ihr die regelmässige gerade Minuskel entwickelt. Im Gegensatz zu dieser ist die karolingische Schrift rundlicher, noch mehr mit cursiven Elementen und einzelnen Uncialbuchstaben gemischt; die Worttrennung ist unvollkommen; sehr charakteristisch für die ganze Erscheinung sind vorzüglich die keulenförmig nach oben verdickten Langstriche, welche ihr aus der merowingischen Schrift noch lange blieben.

Proben dieser Schrift finden sich in den ersten Bänden der Monumenta Germaniae, in W. Grimm's Altdeutschen Gesprächen, v. Karajan's 2 deutschen Sprachdenkmalen (Sitzungsberichte der Wiener Ak. 25, 324), im Archiv der Wiener Ak. 27, Taf. 1 von Cozroh's Hand (821 848), in F. Keller's Ausgabe des Reichenauer Nekrologes (Mittheil. der Antiq. Ges. VI) von 850, und sonst an vielen Orten; Regensburger von 821 u. 823, Pal. Soc. 122 u. 123. Recht charakteristisch erscheint sie in den Handschriften, welche der Probst Manno, unter Ludwig dem Stammler Vorsteher der Hofschule, nach der Mitte des Jahrhunderts schreiben liess, und bei seinem Tode der Abtei S. Eugendi (Saint-Oyan, später Saint-Claude genannt) vermachte; s. das schöne Facs. von Pilinski, Bibl. de l'École des chartes VI, 4, 218. Das Sanctgaller Antiphonar cod. 359, angeblich von Hadrian an Karl geschickt, ist wegen des Sanctgaller Charakters der Schrift augenscheinlich eine Copie; es ist ganz facsimilirt in der Ausgabe von Lambillotte, Antiphonaire de S. Grégoire, Brux. 1851, 4.

Wegen der Urkundenschrift, welche erst unter Ludwig dem Frommen von der Reform berührt wurde, genügt es auf Sickel's schon angeführtes Werk zu verweisen.

Neben der Arbeit für den täglichen Gebrauch war aber die Richtung dieser Zeit auch ganz vorzüglich der Verfertigung von Prachtstücken zugewandt, welche vielleicht niemals an Schönheit übertroffen sind. Purpurnes Pergament, Gold und Silber, Capitalschrift, nach den besten alten Inschriften sorgfältigst copirt, verschiedene Uncialformen, dazu Ornamente und Bilder nach antiken und byzantinischen Mustern mit feinem Geschmack ausgewählt, alles vereinigt sich, um wahrhaft staunenswerthe Kunstwerke herzustellen. Den Höhepunkt erreichte diese Kunst unter Ludwig dem Frommen und Karl dem Kahlen, nach welchem sie der wachsenden Noth der Zeit erlag. Eine genügende Vorstellung von ihrer Schönheit gewährt nur das grosse Prachtwerk des Grafen Bastard, Peintures et ornemens des Manuscrits, classés dans un ordre chronologique pour servir à l'histoire des arts du dessin depuis le 4e siècle jusqu' à la fin du 16e. Leider aber ist dieses im grössten Format erschienene Werk unvollendet; 20 Lieferungen zu 8 Tafeln, jede 1800 francs kostend, sind erschienen, ohne Text und ohne irgend ein System. Die späteren Lieferungen enthalten merkwürdige Proben aus merowingischen, westgothischen, lombardischen, südfranzösischen Manuscripten. Ausser Westwood, Silvestre, Libri in den Mon. inédits, der Pal. Society, erwähne ich Arneth, Evangeliar Karls des Grossen in der Schatzkammer, im 13. Band der Denkschriften der Wiener Akademie, mit schönen Proben, und die ältere Abhandlung von Sanftl über das Evangeliar von St. Emmeram (Ratisb. 1786), welches für Karl den Kahlen geschrieben ist. Jorand, Grammatographie du neuvième siècle, Paris 1837, giebt Alphabete aus einer Bibel Karls des Kahlen, welche in merkwürdiger Weise den Einfluss und die Benutzung irischer Elemente zeigen.

Unter Karl dem Grossen ist die Nachahmung antiker Vorbilder durchaus überwiegend, und neben den kirchlichen Schriften verwandte man ähnlichen Fleiss auch auf profane Bücher. So ist im Vatican ein Terenz mit Bildern, welche antike Vorlagen genau wiedergeben (ed. Cocquelines Romae 1767), ein anderer mit Federzeichnungen in Paris (Pal. Soc. 36) u. s. w. Besonders merkwürdig aber sind die schon erwähnten Aratea, deren vorzüglichste Handschrift (Harl. 647, s. Ottley in Archaeologia Vol. XXVI) den Text in karolingischer Minuskel, die Sternbilder in täuschend antiker Weise enthält, während im Cod. Cotton. Tib. B 5 die Bilder schon verändert, in den Ornamenten irische Elemente, im Cod. Harl. 2506 aus dem elften Jahrhundert angelsächsische Umrisszeichnungen an die Stelle getreten sind.

Für das unerschöpflich reiche Feld der Ausschmückung der Handschriften mit Bildern und verzierten Initialen ist vorzüglich Waagen sehr thätig gewesen und hat zu weiterer Bearbeitung die Wege gewiesen. Sehr empfehlenswerth ist: The Art of Illuminating as practised in Europe from the earliest times. Illustrated by Borders, Initial letters and Alphabets, selected and chromolithographed by W. R. Tymms, with an Essay and Instructions by M. Digby Wyatt, Architect. London 1860, 4. Während die Abhandlung von Wyatt sehr lehrreich ist, gewähren die 100 Tafeln einen guten Ueberblick über die successiven Moden und Methoden der Ornamentik. Ueber das Prachtwerk der Sanctgaller Kalligraphie, das Psalterium aureum, ist so eben in glänzender Ausstattung von dem Hist. Verein von St. Gallen ein Werk erschienen, dessen lehrreicher Text von Rudolf Rahn die karolingische Kalligraphie vielfach berührt, welche unter Abt Grimald (seit 841) in St. Gallen Pflege fand und schöne Werk schuf. Die reiche, aber oft unverstandene, auf keinen eigenen Studien beruhende Farbenpracht dieser Zeit, fremden Vorbildern nachstrebend, erinnert an die älteste, ebenfalls unter fremder Einwirkung stehende Periode hellenischer Kunstgeschichte: keine Fortbildung schloss sich daran, und zunächst ist es nur die geschmackvolle Ausschmückung der Initialen, in welcher die eigene Kunstthätigkeit Fortschritte zeigt.

X
Das Zeitalter der ausgebildeten Minuskel.

Die fränkische Schrift hat, wie wir schon gesehen haben, immer weitere Ausbreitung gewonnen und ist endlich zur Alleinherrschaft gekommen. Ihr Entwickelungsgang besteht darin, dass bis zum zwölften Jahrhundert sie zu immer grösserer Regelmässigkeit vorschreitet. Jeder Buchstabe hat seine bestimmte Form und steht unabhängig neben dem andern; die Striche sind scharf und gerade, die Worte vollständig getrennt, Abkürzungen nur mässig angewandt, die Interpunction sorgfältig. Es ist, mit einem Wort, die Schrift, zu welcher im 15. Jahrhundert die Humanisten zurückkehrten, und welche dann auch von den Buchdruckern nachgeahmt wurde, nachdem man zuerst die allgemein übliche Mönchschrift als Vorbild der Lettern benutzt hatte. Dadurch entstand der Gegensatz der sogenannten lateinischen Schrift zur deutschen, den man vorher nicht gekannt hatte.

Natürlicher Weise vollziehen sich die Veränderungen der Schrift nicht vollkommen gleichmässig, und es lassen sich locale Verschiedenheiten unterscheiden; aber diese Abweichungen sind merkwürdig gering und der Entwickelungsgang auch in grosser Entfernung sehr übereinstimmend. Freilich darf man nicht mit zu grosser Zuversicht Altersbestimmungen aufstellen; es schrieb auch damals ein alter Mönch anders als ein junger Scholar. Ein sehr wichtiges Gesetz aber ist dieses, dass im Allgemeinen der Westen vor dem durchschnittlichen Standpunkt um ein halbes Jahrhundert voraus ist, der Osten um eben so viel zurückbleibt. Bethmann (Pertz' Archiv VIII, 69) fand bei der Beschäftigung mit den Handschriften von Mont-Saint-Michel in der Normandie, dass man geneigt sein würde, sie um 50 Jahre zu spät anzusetzen, und eine Salzburger Handschrift, welche durch die Erwähnung des Gratian der Mitte des zwölften Jahrhunderts zugewiesen wird, trägt ganz den Charakter des elften. Auch stimmt diese Beobachtung mit den Ergebnissen der Kunstgeschichte vollkommen überein. G. von Buchwald (Zeitschr. f. Schlesw. Holst. Lauenb. Gesch. VII, 298) bemerkt, dass noch der Süden resp. Norden mit dieser Bestimmung verbunden werden müsse.

Beispiele der ausgebildeten Minuskel bieten in vorzüglicher Güte und wegen der genauen Zeitbestimmung besonders werthvoll, die Monumenta Germaniae aus den Chroniken des Bernold, Ekkehard, Sigebert, des Annalista Saxo, Donizo u. s. w. Urkundenschrift z. B. die Origines Guelficae. In dieser Zeit ist der Unterschied zwischen Urkundenschrift und Bücherschrift sehr gering und besteht fast nur in einigen unwesentlichen Schnörkeln.

Die Initialen sind oft sehr geschmackvoll verziert, und werden in vielen Scriptorien mit hingebender Liebe, reicher Fülle der Phantasie und nicht ohne Kunstsinn hergestellt. Für grössere Miniaturen verschwindet aber der unter Karl erneute Einfluss antiker Muster; nur hin und wieder, vorzüglich in Italien, ist byzantinischer Einfluss merklich. Sonst erscheinen rohe Umrisszeichnungen, die aber den Keim des bedeutenden Fortschritts enthalten, welcher im zwölften Jahrhundert hervortritt. Eine schön ausgeführte Folge von Alphabeten in Farbendruck, mit Schriftproben, vom 12. bis 16. Jahrhundert, bei Arnold und Knoll, Sammlung von Initialen, I. Leipzig 1867, 4.

Gegen den Ausgang des zwölften Jahrhunderts beginnen an den früher gerade abgeschnittenen untern Enden der Buchstaben starke Abschnittslinien bemerklich zu werden, dann biegen sich die Striche selbst unten nach vorn in die Höhe, und geben dadurch der ganzen Schrift ein verändertes Ansehen, namentlich wird die Aehnlichkeit von n und u dadurch herbeigeführt. Man schreibt viel mehr, und deshalb auch rascher und nachlässiger, die Dinte wird schlechter. Die Bettelmönche ergiessen ihre Gelehrsamkeit in ungeheuer umfänglichen Werken, zu welchen der Prior nicht geneigt ist das theuere Pergament zu beschaffen, und daher wird von ihnen vorzüglich der Gebrauch der Abkürzungen auf die Spitze getrieben. Uns erscheint diese Aenderung als beginnende Entartung; aber damals zog man die moderne Schrift der älteren vor, und libri de littera nova standen in Bologna höher im Preise als libri de littera antiqua. Mancherlei Varietäten bildeten sich, littera Boloniensis oder Lombarda, Aretina, Parisina, Anglicana etc.

Im Laufe des vierzehnten Jahrhunderts wurde die Schrift immer eckiger gestaltet und es bildet sich die gitterartige Schrift aus, welche man gothisch oder Mönchschrift nennt. Ein schönes Beispiel davon gewährt der Liber Regalis von Westminster bei Westwood, und die Statuts de l'ordre du St. Esprit, institué à Naples en 1352 par Louis d'Anjou, ganz facsimilirt vom Grafen Horace de Viel-Castel, Paris 1853. In den Verzierungen herrschen jetzt die im 13. Jahrhundert aufkommenden von abwechselnd rother und blauer Farbe durchaus vor. Daneben beginnen die überaus reichen Randverzierungen, bei welchen namentlich das Dornblattmuster beliebt ist, von welchem man gegen das Ende des 15. Jahrhunderts übergeht zu der Abbildung ganzer Pflanzen, Blumen und Früchte mit Käfern und Schmetterlingen auf Goldgrund, wie in dem berühmten Gebetbuch der Anna von der

Bretagne, welches in einem französischen Prachtwerk (Paris, L. Curmer, 1859, gr. in-4.) vollständig reproducirt ist. Ein sehr schönes Werk dieser Kunstschule befindet sich im Bruckenthalischen Museum in Hermannstadt, merkwürdig dadurch, dass die letzten Blätter mit Randverzierungen versehen, aber nicht mehr beschrieben sind, weil der Text fertig war. Man sieht daraus, dass die verzierten Blätter für elegante Andachtsbücher damals fabrikmässig gearbeitet wurden, um den Text nachträglich einzuschreiben, worauf als dritte Stufe die Ausmalung der Initialen folgte. Allein die Auszierung der Manuscripte fällt in dieser Zeit schon ganz der Kunstgeschichte anheim; man unterscheidet förmliche Schulen, wie die giotteske in Italien und die französischniederländische der Künstler, welche für die Söhne des Königs Johann, Karl V und seine Brüder, die unvergleichlich schönen Prachtwerke geschaffen haben, von welchen Silvestre glänzende Proben giebt.

In der Schrift selbst gab es eine Menge verschiedener Arten, textus quadratus und bastardus, nebst vielen Abarten, und fractura und notatura für Urkundenschrift. Sehr interessant und lehrreich ist die ausführliche Anleitung zur Bildung der einzelnen Buchstaben in notula simplex, d. h. in gewöhnlicher Urkundenschrift, welche H. Palm im Anzeiger für Kunde der deutschen Vorzeit 1865 Nr. 2 u. 3 mitgetheilt hat. Kunstschreiber aber suchten ihren Ruhm darin, die Schriftarten zu vervielfältigen und mit abenteuerlichen Namen zu belegen. Herumziehende Schreiblehrer, wie Johann vamme Haghen (Cod. Berolin. Lat. f. 384) stellten Ankündigungen mit einer Fülle verschiedener Proben aus, und von Leonhard Wagner, Mönch zu St. Ulrich und Afra in Augsburg, der 1522 starb, wurde gerühmt, dass er über 70 Schriftarten verstanden habe zu machen. Während man nun als Bücherschrift einerseits die eckige Mönchschrift beibehielt, daneben doch gewöhnlich eine einfachere und bequemere Schrift vorzog (ein hübsches Uebungstück ist das ganz phototypirte Scriptum super Apocalypsim cum imaginibus, Pragae 1873, 4.), scheute man sich auch nicht vor der flüchtigsten, kaum kenntlichen Cursive; die Humanisten aber restaurirten verständiger Weise die reine Minuskel des zwölften Jahrhunderts.

INHALTSVERZEICHNISS.

NACHTRAEGE.

Zu S. 6: Herr Dr. Gitlbauer hat seine Ansicht mit weiter ausgeführten und neuen Gründen vertheidigt in seinem Aufsatz: 'Ein Wort über Madvigs Emendationes Livianae.' Abdr. aus Heft 5 der Zeitschrift für die österr. Gymnasien, Jahrgang 1858.

Zu S. 28: Es scheint doch sehr zweifelhaft zu sein, ob der cod. Colon. CVI wirklich der von Alcuin an Arn geschickte ist, oder ob er nicht vielmehr eine gleichzeitige Abschrift ist.

A

Die Normalform erscheint nur in künstlich hergestellter Capitalschrift,
im Verg. Sangall., in karol. Nachahmung, in Ueberschriften und als Initiale.
Vol. Herc. ΛΛΛ. Cap. ΛΛΛ. Pomp. Wachst. Λ Λ. Siebenb. 𝖠. Caiս. ꓥ
T. Unc. ᴀ ᴀ ᴀ ᴀ, im Gaius auch schon ᴀ. Daraus entsteht Uncial. ᴀ ᴀ
ᴀ ᴀ, aber auch ᴜ ᴜ ᴜ ᴜ ᴜ. curs. ᴀ ᴀ ᴀ ᴜ. Jüng. Curs. ᴄᴄ, ᴜ, ᴜ, oft
nach beiden Seiten an andere Buchstaben angelehnt und dadurch undeutlich
z. B. ᴀᴜ ta, ᴄᴏ ae, ɣ an, wie es denn sehr häufig in solcher Weise als kleiner, oft kaum bemerkbarer Haken über der Zeile erscheint. Die Nat. Schriften
haben ᴜ, ᴄ, ᴀ in vielfach wechselnder Form. Lgb. ᴜ, ᴄ, übergehend in ᴄ,
ploni. ᴡ, ᴡ (Urk. II). Merow. ᴜ ᴜ ᴄ ᴄ, oft oben oder unten angehängt: ſ ap,
ᴇ am, ᴛ an, ᴍ ma ɢ an, ᴇ ari. Auch karol. erhält sich ᴜ neben ᴀ und
dem seltneren ᴀ, ᴄ, wird aber bei zunehmender Regelmässigkeit u. Geradlinig-
keit der Schrift dem ᴜ zu ähnlich, mit welchem spätere Abschreiber es oft ver-

wechselt haben. In Urkunden ist cc anfangs ganz vorherrschend, noch im XII. häufig, verschwindet dann auch hier und erhält sich nun in Abkürzungen wie $\tilde{q}$ qua, $\tilde{ɔ}$ contra $\tilde{p}$ pra, oft auch eckig wie in $\overline{ƶ}$ gra, wo der Ursprung vergessen war. In Bücherschrift ist a von Anfang an häufiger und cc verschwindet schon im 10. Jahrhundert. In XII. macht bei einzelnen Schreibern Verlängerung des Leitenstriches a einem d ähnlich: a ð d : idg : iacet. Auch a wird im VIII. $\mathfrak{a}$, welches im XIV. sehr häufig ist als a a a a a, so dass dieser Buchstabe als charakteristisch für XIV gilt. Es bleibt aber einerseits diese Form auch im textus des XV, während andererseits a a a nie ganz verschwinden, im XV. aber häufiger werden.

Das poln. oↄ, jetzt ą, ein nasalirtes a, kommt im XV. auf.

Ueber ae s. den Buchstaben E.

B.

ist Unc. nicht selten höher als die anderen Buchstaben z. B. in Gaius B e B. Schon in Pomp. Wandschr. kommt B vor, u. diese Form dringt im VI. auch in Unc. ein: bE bɑ. Nach VII. erscheint B nur noch als Majuskelform. In Pomp. Wands. kommt aber auch vor B ß u. die daraus zu erklärende Form d, wachst. d, Sieben. d, königl. Kanzleischr. ʊ ʃ ʃ (verkleinert). Aehnlich im VIII. ﬡ bl. dɡ bi, ʒ in Urkunden. westg. ʒ. Gewöhnliche Cursivform b b. In Nat. anfangs noch oft

mit dem Ansatz, der ein Nachklang der verlorenen oberen Rundung ist ƀ ꜜ,
Lgb ꜜ. Noch in Urkunden VIII. IX. ƀ ƀ ƀ. Sonst ist die regelmässige Form b, im
XIV. XV. auch häufig ꞗ, ƀ, ƀ (cod. Colon. 416). Um 1200 liebte man die Ligatu-
ren mit e, so auch ꜜ = be.

C.

erleidet keine bedeutende Umwandlung, nur wird c, wie alle Buchstaben,
nach 1200 eckig: c und ist dann sehr häufig von t nicht zu unterscheiden. Curs.
überragt es oft die anderen Buchstaben, so wächst C u. besteht aus zwei Theilen,
C, Co, cu C. Undeutlich wird es durch Anlehnung an andere Buchstaben,
wie ꝣn acri, Rav. ꝣ co, ꝣ ce, ꝣ ec. Kaÿ. ꝇ ꝇ u. ähnliche
Formen in den Uebergangsschriften. merow. oft ꝇ, welches in Karol. Urkunden
die regelmässige Form ist, z. B. l ꝺ ꝺ ꝺ. Der obere Haken dient zur Verknü-
pfung mit t, z. B. in einer verzierten Urkundenschrift o. X : ꝺ t u. das bleibt
auch nachdem c sonst den Haken verloren hat, auch in Bücherschrift z. B.
ꝺ ꝺ ꝺ ꝺ, u. bei Zeilenbrechung diꝺ | ꜵ dictum. Im XIV. XV. kommt
wohl nur noch vor ꝺ ꝺ, wo noch die grössere Höhe des t an die alte Form
erinnert. In min. s. XII. wird c oft durch einen Ansatz dem r ganz ähnlich:
ꞃ (Clm. 17142) neben ꞃ für r. Merow. ist in Ueberschriften beliebt C.

D

ist Vol. Herc. länglich D D, Pomp. auch J, d, ð, Unc. ꝺ ꝺ ꝺ, auch ð, ꝺ.
wie in Ostgoth. Seit V. dringt auch aus curs. ... ein. Gaius hat ꝺ u. d. Pomp.
Wacht. d ꝺ ꝺ, Sieb. ꝺ ꝺ, Kais. ꝺ ꝺ, Max. d d, Rav. d u. in Ver-
knüpfung ꝺ, ... , ... = ed. Aehnlich ags. ꝺ ꝺ neben d d und d, zuweilen mit ganz kurzem Seitenstrich ꝺ. Westg. u. Lgb. d u. ꝺ neben einander, westg.
auch d. Mirow. u. Kurod. ist gerader Seitenstrich häufiger; in einzelnen Handschriften, z. B. Zietm. Merseb. ist ꝺ häufig u. kommt von XII an überall vor, auch dd,
dd (1106), u. vom XIV an fast ausschliesslich, nur modificirt nach dem Character der
Schrift, theils eckig d, theils in flüchtiger rundlicher Schrift d ꝺ ꝺ. Sehr häufig wird gegen XII. u. in demselben ꝺ f. de, später de de, auch dd für da.
Ags. u. auch altniederdeutsch ist d ꝺ ꝺ Ð für dh.

E.

Cap. E oft mit sehr kurzen Querstrichen. Herc. E u. E, unc. E, E, auch ℰ,
auch schon sehr früh e. Wacht. II wie in Inschriften der Zeit. Kais. ... .
Max. e, meistens an andere Buchstaben angelehnt: ... em, ... es. Rav.
gew. E, überragend u. fast immer an andere Buchstaben angelehnt ... ec.
... reo, u. ... uetere. In anderer Cursivschrift kann

es auch ganz klein werden ⋎ er, ꝳ em. In den Nät. Schriften ist die Grundform ℭ ℭ ℭ. aber oft sehr verändert durch Anlehnung. Liys. neben ℭ, ⊘
oft ℭ, ꝰr er, ℭ, auch ℞, et, ℭ eg. Die häufige Abkürzung ℞ für cius im
Cod. Leonis Ost. (Lgb.) hat der deutsche Abschreiber s. XII. irrthümlich qui gelesen.
Karol. ⊘ mit der sogenannten Zunge, welche nach und nach verschwindet; später
ℭ, zuweilen ganz wie ℭ : ℭ ℭ ℭ, neben den deutlicheren Formen ℭ ℭ ℭ. Sorgfältige Schreiber setzen zuweilen, wo das Auge sich gefüllt hätte ℭ. Im XIV. findet sich auch ⊘ ⊙. Im XVI. kommt die Form ℞ ℞ auf, welche leicht mit r zu
verwechseln ist und den Uebergang zu unserm n bildet. Einzelne Cursivformen
finden sich auch noch in Minuskel, besonders in Buchstabenverbindungen, bis
ins X. so ℀ ec, ℀ er. ℀, in allerlei Gestalt, zuletzt ganz unverstanden,
kommt noch im XII. häufig vor, auch mitten im Wort, wie in praetor. Im XIII. verschwindet es, und wird als Conjunction durch ⁊ verdrängt.
Schon une. in Cic. de Rep. findet sich ℀ für Ae, ᴅ
ᴅ. ℀, etwas später ℀ ℀
℀ ℀, eine noch leicht kenntliche Ligatur. Min. ℀ ℀, Gloss. cod. Fuld. ℀, manchmal auch ℀, sogar ℀ und ꝗ für quae. Daneben etwa im IX–XII. auch ℀. sehr häufig
ist schon früh das einfache e anstatt des Diphthonges; gegen Ende XII verschwinden æ u. œ völlig; etwas später auch ℀, welches sich jedoch für deutsche Sprache

erhält. ε verschwindet ebenfalls, in Italien schon im XII. in Deutschland im XIII.
wenn es auch vereinzelt noch später vorkommt. Schon früher verliert sich das
Bewusstsein seiner Bedeutung, und man findet e gerade da, wo kein Diphthong
stehen sollte, z. B. ę für esse. Mit den humanistischen Studien und der erneuten
Kenntniss des Alterthums kommt dann auch ę und endlich der volle Diphthong
wieder zum Vorschein.   Ueber E und ẟ s. S. 37. 38.

F.

Herc. F F f, cap. F F Ŧ, oft von E gar nicht zu unterscheiden und wohl deshalb
häufig mit halber Höhe überragend: Ŧl. Unc. dagegen sinkt es gewöhnlich mit
halber Höhe unter die Zeile: F F F F f. Wachst. F F u. ſ', entsprechend dem
ll = E. Max. fi fi, k fe. Karl. F, Rav. pf pf. Ags. p p f. Sonst ist Ntl.
f die Grundform, verbindet sich aber mit i zu ſi ſi. mit a zu fa, mit e zu fe,
mit l zu fl, mit o zu fo (merov.). Diese Formen gehen noch in karol. Bücherschrift
über, aber die Ligaturen verschwinden nach und nach. Bei der Ausbildung der
geraden Min. stellt sich f auf die Zeile, biegt sich Ende XII. unten nach vorn f
f, wird mit der ganzen Schrift eckig, u. in goth. Mönchschrift nach oben geschlossen f. In curs. oder flüchtiger Schrift sinkt es wieder unter die Zeile
f, was in Urkundenschrift immer die Regel bleibt.

G

Herc. C̄, cap. C G G, auch ᴳ. unc. G C G, auch ᴣ. Pomp. Wachst. C̄, Neuenb.
G ᴣ. Quedl. It.curs. ᴳ ᴳ, Victor Cap. ᴣ ᴳ, Max. ᴳ, wo man deutlich sieht, wie
der Buchstabe sich in zwei Elemente aufgelöst hat, deren verschiedene Verbindung
die abweichenden Formen hervorbringt. Anders Kais. ᴸ. Halbunc. s VI neben G
ᴣ ᴣ ᴣ, auch ᴣ ᴣ ᴣ. Rav. ᴣ ᴣ ᴣ, doch steht es nie allein,
sondern mit andern Buchstaben verknüpft z. B. ᴣᴺᴬ gesch. Schon VI.
kommt ᴣ vor. Ag. ᴣ ᴣ ᴣ, auch ᴣ ᴣ ᴣ. Dergleichen Formen sind
später irrthümlich für z gehalten. z. B. in unzeld, s. Archaeologia XII, 33.
Sie kommen auch in Karol. Schrift bis X vor. Westg. G u. ᴣ. Lgb. ᴣ ᴣ ᴣ.
merow. ᴣ ᴣ ᴣ. Die Veränderungen in Min. sind wenig bedeutend: ᴣ ᴣ
ᴣ ᴣ ᴣ ᴣ ᴣ. Im cod. Pal. Germ. 341. s. XV: ᴣ ᴣ ᴣ oft ganz wie ez.
Cod. lat. Mon. 641 s. XV: ᴣ ᴣ. Bemerkenswerth ist die Rune ga ✳ im West-
brunner Gebet.

H.

Schon Herc. selten ganz vollständig, sondern H H H. Cap. H aber häufig auch
H K, täuschend wie K, weshalb Kirtius gelesen wird. Laur. Mehus V. Ambrosii
Camald. p 586. Andere Beispiele bei O. Jahn, Die Subscriptionen S. 333. Im Terent.

Vat. N°. Sall. H. Schon im Fragm. Liv. (Sall.) ed. Pertz h u. so regelmässig uns. mehr oder weniger überragend **ƞɔ, h h h**. Wachst. tt. Rav. **h h h**. Kais. **h** u. in Verbindung z. B. **Ꝺ** hoc. Min. ist es manchmal unten fast oder ganz geschlossen : b u. dann mit b zu verwechseln. Gegen Ende XII. fängt man an, den Seitenstrich unter die Zeile zu verlängern : **h**, später **h** u. endlich **h h h**

Vom VIII–XIII. kommt häufig vor ˧, d.i. der griech. spiritus asper, schon von Isidor als Zeichen der Aspiration erwähnt; auch über Consonanten gesetzt: **č**. Vgl. darüber Wanley in Hickey Thes. S. 115, wo eine ags. Stelle von Bridferth u. s. angeführt ist, nach welcher ein ausgelassenes h mit ˧ nachzutragen ist, ein überflüssiges mit ˙ getilgt werden soll. Cod. lat. Monac. 17142 o. XII. f. 113 v. ˧ hec litera vocatur diasia (l. dasia, δασεῖα) et ponitur ubi non opus est h. aut eiecta est litera h. (Corr. aus Isid. I. 19)

I.

Schon Herc. ist es zuweilen länger als die übrigen Buchstaben, ebenso curs. u. Nat. auch einzeln in min. bis ins XI. z. B. In. Andererseits wird es auch unter die Zeile verlängert, wachst |. Kais. **J** neben **l**, unc. besonders nach l : **ƚi** ili, **zi** li. Min. kommt das häufig am Ende der Worte vor, u. bei ii, vorzüglich wenn es Zahlen sind : **ij** ; vom XIV. an regelmässig **y ij**. Ferner hängt es sich in röm. Cursive und den daraus hervorgegangenen Schriften gerne an andere Buchstaben an,

z. B. *G ei*, *ei* (metow: *fi*, *gi*, *hi*, *ni*, *ri*, *ri*, *si*, und *tt.* *Solche* in *Nat. u. Urkunden häufige Formen* erscheinen auch in *Min.* noch

im XI.   Im XI. fing man an, zusammentreffende i mit Accenten zu

bezeichnen, um Verwechselungen vorzubeugen: íi, íí, íii, íii. Schon im

XII. findet man diesen Strich auch zuweilen über dem einzelnen i. Daneben

kommen aber auch noch immer i ohne Bezeichnung häufig vor. Nicht

selten sind in älteren Handschriften dergleichen Striche später nachge-

tragen. Punkte über dem i fand ich zuerst in einer Wiener Urkunde

von 1327 und da ganz durchgeführt.

Accente über Doppelbuchstaben kommen auch sonst zuweilen vor, doch erst später,

so äärun u. a. *Harl. 3031 von 1176*, *ee* (eue) u. sogar *ee Christ. 344 a. XIII*, *üü Mon. Graph. II, 11*

von 1207.

In einigen Handschriften von Ende XV ist i am Anfang der Wörter häufig verlän-

gert: *Jea, judei, job,* auch *fh* (*Pal. Germ. 342*) der Ansatz zum späteren Jod, doch noch

ohne Beziehung auf die Aussprache. Nach Mittheilung des *r. Dr. Baist* ist

in provençalisch-catalonischen Handschriften seit Anfang XIV. j neben y zur

Bezeichnung des Consonanten allgemein üblich.

K.

kommt in den ältesten Handschriften selten vor. Wachst. *K K k*. Fragm.
Vat. *K*. Gaius K. Herbunc. (517) *K*. Kirchg. *K*. Ags. *K*. Lgb. *K k*, wofür Abschreiber u. Herausgeber irrig *lc* u. *hc* gelesen haben. Min. *K k k K K K*, gewöhnlich überragend, doch nicht immer, auch *K*. In XII. findet sich die obere Rundung auch geschlossen *K K*, was bald zur Regel wird: *K K K K*, in Urkunden auch *P P K K*. 1511 fand ich *k*, für *ck* *k*.

L.

Der Horizontalstrich ist schon Cap. häufig sehr kurz, der senkrechte höher als die übrigen Buchstaben z. B. *L ii*. Unc. *LL*, auch *L L L*, immer überragend. Wachst. *LL*, kais. *L L*, Rav. *L*. Merow. *L* neben *L*. Min. ohne bemerkenswerthe Veränderungen *L L L L*.

M.

Herc. *M M M*. Cap. *M M M M*. Wandschr. auch *M M*, u. so auch Pomp. Wachst. Siebenb. *M M M M*. kais. *M M*. Unc. *M M* neben *M M*, *M*. Halbunc. schon sehr *M*, wol. Hilarü *M*, Gargil. Martialis *M* u. *M*. Pand. Flor. manu 12: *M*, aber Gaius *M*. Halbunc. neben *M* u. m auch *M M M M*. Merow. m u. so fortan mit geringen Veränderungen, z. B. irisch *M*, lgb *M*. Die Uncialform

ꝳ erscheint, wie andere Uncialformen, in Urkunden häufig, in Bücherschrift
seltener, in Min. bis ins VII. besonders am Ende der Wörter. Am Wortschluss erscheint
im Pariser cod. Theodulfi s. x. ꝰ, was mir auch sonst vorgekommen ist

Vom XIV an vertritt ʒ am Wortschluss häufig m, was wohl nur Mißbrauch eines
allgemeinen Abkürzungszeichens ist, z. B. aʒ am, cōʒ -cionem, naʒ nam,
auch namque, wo ʒ des ꝗ = que vertritt, naʒ naturam, gnʒ communem,
ꝗʒ quam.

N.

Hierf. N N N . Cap. u. Unc. N Ν ⊢ , auch die Ligaturen N ns, N nt. In Pomp.
Wachst. kommt Π Π für N vor, Wandschr. dem IIII entsprechend auch ʮ, Ⱶ, ʯ.
Siebenb. N u. auf andere Weise unregelmäßig gegen einander gestellt ʒ Striche, aber
auch Π Π Π . Kais. Ν Ν . Max. Π u. N. Im VI. dringt Π in die Bücherschrift ein, doch bedeutend langsamer als m, und N kommt noch immer daneben vor, häufig so: ⊢ ⊢ ⊢ (codd. Cf g. II8. 2I0 s VII–X). Noch s. XI fand ich pron, s. II03
vña. Karol. ist Ν neben n noch sehr häufig, später bleibt es vorzüglich
am Wortschluss und in den Ligaturen N, N, u häufiger N, N nt.
Im XIII. fängt man an, das u dem u so ähnlich zu machen, dass sie oft gar
nicht zu unterscheiden sind, weshalb endlich u sein Abzeichen erhielt.

Die Uncialformen von N u. H werden allmählich ganz mit einander vertauscht, s. vorher, u. z. B. im XI. ⟨⟩ non, im XII. ⟨⟩ nil oder nihil, in Urkunden XIII ⟨⟩ Notum. Für H dagegen kommt vor ⟨⟩ u. sogar ⟨⟩, für N auch ⟨⟩. Diese Majuskelformen sind überhaupt sehr der Willkür unterworfen und lassen sich oft schwer oder gar nicht mit Sicherheit bestimmen.

O.

in d. Wachst. ⟨⟩. In anderer Cursivschrift mit den übrigen Buchstaben verbunden, Kreis zugleich viel kleiner als diese ⟨⟩ oc. Später röm. u. merow. op op. ⟨⟩ op, ⟨⟩ or, ⟨⟩ om, ⟨⟩. Rav. ⟨⟩ con, ⟨⟩ om, auch ⟨⟩. Die merow. Formen ⟨⟩ hielten sich noch lange in Ur-kunden, in Bücherschrift dagegen kommen sie nur noch ganz einzeln in IX vor, u. ich habe sie nur in Verbindung mit r bemerkt, z. B. ⟨⟩ ros, rr. Der cod. Ademari Cabann. s. XI. im südlichen Frankreich geschrieben, hat neben manchen anderen alterthümlichen Formen auch ⟨⟩ für ro.

In Deutschland fing man etwa im XI. an, den Diphthong oe in Eigenna-men darzustellen durch ⟨⟩. Dies wurde besonders häufig im XII. u. XIII. und hörte dann auf, so daß spätere Abschreiber die Ligatur nicht mehr kannten und sie für ⟨⟩ hielten. Daher kommt der nicht seltene, aber immer falsche Namen-

Dedalricus statt Odalricus. In deutscher Sprache, wo der Diphthong noch vorkam, hat cod. lat. Monac. 641 s. XV: ö ü, auch ä für au

φ für œ, in nordischen Sprachen gebräuchlich, findet sich schon Mitte XIV. auch in niederdeutschen Schriften.

P.

Herc. P P P P. Cap. P. Unc. P P l' P P P P P. Nach v. kommt selten noch ein auf der Zeile stehendes P vor. Pomp. Wandschr. P P l' l' l', Wachst. l' d, Siebenb. l' l' l' l', Kais. l' l'. Max p P p, Rav. p P, in Verbindung ⌐ ſ ep. Aehnlich Nat. z. B. lgb. p, R sp. ſ ep (Mail. Urk. 725). Westg. q. Merow. p p c ſ ep, ſ ap. Zuletzt dringt überall die einfache Form p durch, bis aus p das p wird.

Q.

Herc. Q. Cap. Q Q Q Q. Pomp. Wachst. a, Wandschr. ähnlich, Siebenb. q q q q. Unc. q q q q. Kais. kanzl. ſ u. mit u verbunden ſ ſ. Victor Cap. q̈rq. quinque. Rav. cqu oq oq. Merow. q q q. ſ q̈m quam. In der Minuskel macht q nur die allgemeinen Veränderungen im Habitus der Schrift mit.

R.

Here. R R R u. ähnlich auch Cap. nur zuweilen auch **R**, wie auch später als Majuskel **R** vorkommt. Unc. sinkt es häufig halb unter die Zeile **R R R R** u. in der
weniger kalligraphischen Schrift Gloss. Col. **ᴦ ᴦ**, Gaius **ᴘ ᴘᴘ**, Pand. **ᴘ**,
cod. Hilarii von 510: **ᴦ ᴦ ᴦ**. Wachst. **ᴎ**, Kais. **ᴧ ᴛ**, auf den Backsteinen
ᴧ, dem a **ᴛ** jener alten Cursive sehr ähnlich. Max. **ᴦ**, Rav. **ᴦ**,
in Verbindung rᶴ ri, **ᴙ** arg. **ᴟ** ero. Ags. **ᴘ ᴘ ᴘ**, **ᴏᴙ** eri. Aber
in Halbuncialschr. von 509 u. 517: **ᴎ ᴎ ᴎ**, u. dem entsprechend irisch, neben R in derselben Hds. Albunc. **ᴎ**, am Wortende **ᴦ**; daneben **ᴎ** für n, kaum
zu unterscheiden. In der beginnenden Min. finden sich manche jener
Formen, u. mehr noch in Urkunden, besonders ᶴ ri, u. noch häufiger
ᴦᴛ, **ᴦᴛ**, **ᴦᴛ** für rt. Die regelmäßige Form ist r, doch geht es auch oft
unter die Zeile, theils in einzeln noch vorkommenden Cursivformen
wie **ᴦᴛ**, **ᴓᴕ** eret, theils in der ausgebildeten festen Min. als **ᴦ**, bis ins XII.
Im XII. findet sich auch häufig **ᴦ** u. **ᴦ**, besonders am Ende der Wörter.
Im cod. Run. 84 s. XII. vorherrschend **ᴦ**, **ᴦᴀᴦ̃**, raro. Im XIII. biegt es sich unten nach
vorn **ᴦ**, später **ᴠ**, **ᴠ**, **ᴠ**, mit v leicht zu verwechseln, und daneben **ᴛ** **ᴛ** **ᴛ**,
ganz dem c ähnlich, auch **ᴦ** **ᴦ**. Auch die Uncialform **ᴙ** kommt immer

noch mitten in Min. einzeln vor, besonders am Wortschluss, am häufigsten in Ligatur mit o: *oɔ*, später auch *oɔ* *oʒ*. Daraus ist die Abkürzung der
Endung orum gebildet: *oɔ* *oʒ* *oʒ*. Dieses *ʒ* kann sich auch an andere Buchstaben anlehnen: *ɴ* arum, *oɔɔ* orr, u. emancipirt sich im XIV. als ganz
selbständiger Buchstabe (r rotunda) *ʒ* *ʒ* *ʒ* *ʒ* *ʒ*, der nun sehr häufig für
r gesetzt wird.

S.

Die Normalform wird in flüchtiger Schrift gestreckt, Pomp. Wachst. ∫ ∫,
Siebenb. ∫ ∫, Victor Cap. ∫ ∫. Pomp. Wandschr. auch ∫, u. daran schliesst sich
als feste Nebenform, immer neben S, Gloss. Col. ∫ ∫, Gaius ∫ ∫, Pand. Flor. m. XII. ∫ ∫.
In anderen Hds. ∫ ∫. Albunc. ∫ ∫ ∫ ∫, scot. s. aber auch ß für ss. Als Majuskelform u. in Ueberschriften ist vorzüglich in irischen Hds. beliebt S.
Max. ∫, Rav. ∫ ∫; *W* ss, *ϡ* sti, *ϡ* so, *W* rs. Rav. Karol
∫ ∫ ∫. Südital. ∫ u. ∫ (Urk. II), ∫ neben S (Parch. II). Mail. Urk. vom VIII.
Jahrh. ∫, *ϡ* sen, *ϡ* se, *ϡ* isse. Alys. ∫ und ∫, ∫. Werth. ∫,
∫ est; am Wortschluss auch *ϡ* = tas. Lyb. ∫ ∫, *ϡ*. Merow. ∫ ∫
∫, *ϡ* *ϡ* st. Karol. ∫ welches oft auch unter die Zeile reicht. In der fest
ausgebildeten Min. XII. ∫, welches sich später unten krümmt ∫ ∫, auch

eckig wird t, in der flüchtigen Schrift XIV. XV. reichtes wieder unter die Zeile:

ſ ſ ſ. Die Verbindung mit t blieb immer im Gebrauch ſt ſt ſt ſt, ſt, u. ist in Abschriften aus Hds. VIII–XI. häufig statt des nicht mehr gekannten ſt (rt) gesetzt, z. B. in Eigennamen -hast statt -hart;

Schon Cap. hat die Ligaturen ꝰ ꝰ us, ꞃ ns. Diese bleiben auch kleiner s, man ꝰ ꝰ ꝰ s IX. Vom X. an findet sich s allein hin und wieder am Ende, zuerst so: us, s als deutliche Majuskel, einzeln auch an anderen Stellen, so ſt, aber selten. Noch XI. u. Anf. XII. ist s nicht häufig, nur z. B. in ds f. deus, öfter übergeschrieben, vorzüglich am Ende: ꝛ ꝛ ſ ſ ẜ. Das kommt in einigen Hds. sehr viel vor. Vom XII. an wird s immer häufiger, an allen Stellen, es wird mit der übrigen Schrift eckig ß, u. verändert seine Gestalt in mannigfacher Weise: ſ ß ß ſ ſ ſ ſ ſ ſ ſ σ. In einer schles. Urkunde von 1317 fand ich fürs am Anfang und am Ende der Wörter ȝ u. ȝ̈, z war so gestaltet: ȝ.

Bemerkenswerth ist in deutscher Sprache für ß: ß ß ß, ſß (1383) ſaßor (1397) Davon verschieden ist die Abkürzung ß ß, gewöhnlich für ser. doch kommt auch ßꝛ f. secundum vor. Im XV. aber wird auch diese Abkürzung in deutschen Wörtern sehr häufig für ß gesetzt z. B. müße = müße. huß haus im cod. lat. mon. 641, wo ganz promiscue auch ß in derselben Bedeutung gebraucht ist.

T.

cap. kommt es mit sehr kurzem u. mit halbem Querstrich vor ⌐ ⌐. Unc. neben
T T τ τ ꓤ ꓙ ꓙ; im Turiner cod. Lactantii τ, und diese Form taucht später
wieder auf z. B. im Siegel Otto's IV. Auch Victor Cap. schreibt ꓜ ꓞ. Halbunc.
τ τ τ, cod. Colon. 165 τ τ π τ. Wachst. τ, Mar. τ τ. Kais. Kanzl. ꓕ to
tru. Rav. σ, tu, ti, ati, tor, atis,
ati, tr, orti, tate, su-
praescripto gestis, r est testis,
etu. Hier zeigen sich schon die Grundzüge aller Formen
der Nationalschriften u. namentlich auch der Uebergang zu der auffallenden
Form ᴣ. Westg. α α ꝏ to, len, tr, te, ter. Am
Ende α: ᴜᴄ it, ral, ᴜᴄ at, tent. Lgb. τ τ ꝏ (wofür der Abschreiber des Chron. Casin. it oder at setzte); ti, tu; am Ende ᴣ, nt uc.
Päbstl. σ σ σ σ σ ꝼ, ti, te, et.
Merow. α, ti, eti, tet, nt nt. Cod. Colon. 76 s. VIII: α α α
α. Die Form σ findet sich auch in den Mail. Urkunden in Sickel Mon.
Graph. auch (846) ᴑ. Ags. σ, σ, τ, u. ähnlich Min. wo es nach u. nach
geradliniger wird, zu t, nicht selten τ geschrieben u. dann mit r zu ver-

wechseln. Vom XIII. an ist oft t von c gar nicht zu unterscheiden. Ueber et rt st s. bei c r s. Das rt am Wortende. Kommt im IX. noch oft vor, verliert sich später, es erhält sich aber diese Form des t in et: & ℒ ℒℒ, im XII. XIII. auch häufig ℀, wo man sieht, dass die Herkunft nicht mehr verstanden wurde. In älterer Zeit findet es sich auch häufig in der Mitte der Wörter; als Conjunction wird es im XIII. durch ⁊ verdrängt.

Die Uncialformen ꓵ, ꓕ ꓵ, auch ꓥꓕ, am Wortende sind bis ins X. nicht selten; noch 1106 fand ich ꓕ.

Bemerkenswerth ist im Ags. der Gebrauch der Rune þorn für th: Þ þ, später in ꝥ, y übergehend u. in alten Drucken von y nicht unterschieden, am längsten hielt sich yᵉ für the.

V.

Ferc. Ʋ Ʋ ꓴ ꓯ. Cap. Ʋ ꓴ ꓯ Ʋ. Unc. ꓴ ꓴ ꓯ. Somp. Wachf. ꓴ u. Sieberb. Ʋ ꓯ ꓴ u. Quedl. Fr. curs. ꝰᵐ num. Kais. Kanzl. ˇ. Max. ɑ u. Halbunc. ꓴ ꓴ ɑ ɑ. Steph. V. a. 891 mehrmals ꝺ. In Urkunden VI kommt auch v vor. Mail. Urk. a. 846 ꝯ f. eius. Reginberts Aug um 821 ⅃ꟿ f. avi. Zyl. x ꝙᵃ quam, u. auch sonst v neben ꝓ. Westg. ꝗᵒ quo, ꝗᵉ que. ꝷ tur. Auch ags. kommt ꝺᵛ vor. Eine andere Form des übergeschriebenen u ist in einer Mail. Urk. a. 725: Eꝙᵛ atus, u. ꝰ. Ebenso merow. Eꝩ lus, ꝟ rum, m̃r̃ mus, b̃r̃ bus, auch q̃i qui. Auch auf der Zeile erscheine neben ɑ ʊ ɴ ʜ ʊ, ʃ ʃ.

Min. u u. daneben in der Regel v nur in Ueberschriften und am Anfang von Sätzen

u. Eigennamen als Majuskel. Im X. erscheint v auch sonst, doch meistens am An-

fang der Wörter, später aber ganz ohne Unterschied an allen Stellen, z. B. (1103)

Rvna Runa. Dann wird es in der Mitte der Wörter wieder seltener. Im XIV XV. ᴅ

ᴅ ᴠ ʋ, auch ᴃ, von b oft nicht oder kaum zu unterscheiden. Für den Diph-

thong in deutschen Eigennamen kommt uu vor, später uo und ou ; im cod. Colon.

137 s. IX ist ũu und ũo geschrieben. Im XI. wird ů und ᴃ, ᴆ ᴓ ᴖ gebräuchlich

im XIV. auch ü ü, sehr häufig in deutscher Sprache, nebst anderen Diphthongen.

Da u und n oft zu ähnlich werden, setzt man ü für u auch wo es nicht diphthon-

gisch ist, u. im XV häufig ü ü , ~~diuisione~~ diuisione , ~~inuenire~~ inuenire. Aber con-

sequent durchgeführt wird diese Bezeichnung nicht.

<h1 style="text-align:center">W.</h1>

Kommt in alten Handschriften nicht vor, und wird erst durch den deutschen

Laut nöthig, welchen man anfangs durch uu darstellt. Die Angelsachsen brauchen

vom VIII. an die Rune wen : ꝥ dem p sehr ähnlich, wie es denn auf den Münzen

Wilhelms I u. II (Archaeologia XVI pl. 1) ganz die Gestalt des P hat. Daraus erklären

sich Fehler der Abschreiber, wie Dogpuleum statt Dogwulfum (Jaffé Bibl. VI, 371) u. Gadpaltis statt Ceadwalla c. II. Langob. ed. Waitz p. 33 n. 5. Schon Heinrich von Huntingdon kannte y nicht mehr und schrieb p, s. Forschungen zur deutschen Gesch. XVIII, 280. Daß aber auch in lat. Texten p für einfaches u gesetzt wäre, wie im Hermes XII, 502 angenommen wird, erscheint kaum glaublich. Auch in Deutschland findet sich die Rune, im Hildebrands-lied **parne**, in anderer Form in der fränk. Uebersetzung der Lex Salica s. IX **ꝩ**, **y**, **vindic**, in Glossen bei Arndt Taf. 41 **ꝩ**.

Als Majuskel findet sich Vu, **VV**, lgb. **Vu** ; im Berliner cod. theol. lat. fol. 58 saec. IX. in Cap. schon **W**. Im XI. kommt w auf, doch bleibt daneben uu noch lange im Gebrauch. Verschiedene Formen sind **w ⱳ w.w** (ⱳ ⱳ ⱳ). Häufig sind diese letzten Formen verlesen als lb, so Junolbe statt Janowe (Chrapeum XVI, 47), anelbare statt aneware, s. V. Brandl, Glossar. boh. mor. p. 449. w vertritt auch uv und vu, und wird auch wie u bezeichnet: **ꝭwaꝭ** (1207 Mon. Graph. III, 11), im XV. **ẇ** = uv. In deutscher Sprache **vꝛꝛ = ivde** Mon. Graph. IV, 15. Sehr häufig steht w für einfaches u.

X.

Herr. X. Cap. X ⲭ **X** X. Unc. auch schon häufig ⲭ. Wachst. ⲭ, kais. **ꭗ ꭗ**. Rav. ⲭ. Ags. ⲭ, dxi axi, ⲭ, **ⳉ** ex. Wartz. **ꭗ** ꭗ **ⳉ** ex. Lgb ⲭ ⲭ. Merow. u. Min. x ⲭ ⲭ ohne Unterschied neben einander. In einer Bamb. Hds. (letztes Blatt von Cassiod. Instit. div.) etwa saec. XI. häufig wiederholt **ⳉ**. Für ex kommt x̃ cx̃ bis ins X. vor. Aus x wird im XIII. ꙗ und daraus ꝓ ꝗ, daneben aber blei

ben x x x̄.

Y.

Cap. u. Unc. ỿ Ỿ Ỿ Ỿ Ỿ, auch überragend ꙮꙮ (cod. Juven. bei Mai, Auct. class. II).

Ruw. a. 56? Ỿ ebenfalls überragend. So auch westgoth. Ỿ, αɩ tyr. Sonst gehört

es immer zu den niedrigen Buchstaben: ɸ saec VII. bei Arndt Taf. 5. Ỿ Ỿ Ỿ Ỿ; häufi-

ger reicht es unter die Zeile ẏ ẏ ẏ ẏ ẏ. Mit einem Punkt ist es ohne Regel

bald versehen, und bald nicht. Nach X wird es kaum mehr auf der Zeile ste-

hend vorkommen. Aus ẏ wird nach dem XII ẏ ẏ ẏ y, doch bleibt auch im XV

daneben ẏ.

Z.

Wachst Ꙁ. Schon im cod. Fuv? Ꙁ Sonst sind alte Beispiele selten zu finden. West-

goth. ꙁ ꙁ ꙁ. Min. z Z . Ꙁ Ꙁ, daneben aber schon im X. ꙁ ꙁ ꙗ, im XII oft

ꙁ ꙁ ꙁ, auch ꙁ ꙁ. Spätere Abschreiber kannten das nicht mehr, und lasen

h, was immer beweist, daß sie eine Vorlage aus dem XI – XIII hatten, s. Vita Gebeh.

Const. Mon. Germ SS X. 582 u. Tab. II. Jaffé Bibl. V. 410 Venh. statt Venz. Die Form ꙁ ꙁ ꙁ

ꙁ wird später die gewöhnliche, weil die auch noch vorkommende 2 dem r rotund.

zu ähnlich wird. Im cod. Pal. Germ. 342 s. XV. immer ꙁ, ganz ebenso wie in der selben Hds. die Ziffer 3 geschrieben wird. Bei Merino, Cäm. XI, 3 finde ich schon von 1011 ʒ, eine Form die vorzüglich in Frankreich u. Italien häufig ist: ç ç ç ʒ; in einer schlesischen Urk. a. 1292: ç ç. Daraus ist das franz. ç entstanden, welches sich vom z abgezweigt hat, cédille ein Diminutiv von zeta.

In den östlichen Grenzländern, wo man ein weiches s durch z auszudrücken pflegte, ist es häufig: ʒ ʒ ʒ u. ähnliche Formen.

Abkürzungen.

In den meisten Majuskelhandschriften kommen sehr wenige Abkürzungen vor. Q. q. für que u. qui, B. für -bus, ē est, q̄ꝰ u. q̄Ñꝺ f. quoniam. Ferner am Ende der Zeilen, wo der Raum nicht ausreichte, Ligaturen und Striche für m u. n: u⁓ um, und für n⁓ (Band. Flor.) eÑ u. NÕ im Cod. von Sarezzano, doch wird nur selten dieser Unterschied beachtet; im Cod. Oribasii Bern. autc+ u. so am Zeilenschluss für m u. n. Im Eugipp nach Delisle's Notize pl. l auch im Wort ðĒÑa. Ein altes Zeichen für Verdoppelung ist das Sicilicum. z. B. ḷ, nachgewiesen in Inschriften, nicht in Handschriften, s. E. Hübner im Hermes IV, 413-415, dazu von Jaffé V, 158 die richtige Bemerkung, dass der Abkürzungsstrich nicht verdoppelt, sondern m oder n bedeutet. Ueber eine absurde Behauptung, dass grösser geschriebene Buchstaben doppelt zu lesen sind, s. M. Haupt in Hermes V, 159: Eine palaeographische Fabel. In Hdss. kirchlichen Inhalts kommt eine kleine Zahl bestimmter Abkürzungen regelmässig vor: DS deus, DI u.s.w. Es findet sich aber auch DEI, ohne dass etwas abgekürzt ist. DNS dominus. IRLM Ierusalem SCS sanctus SPS spiritus EPS episcopus PRB presbyter, auch wohl N̄ noster FF fratres. In IHC XPC Iesus Christus wurden die griech. Buchstaben beibehalten, u. man schrieb später auch in Min. ihs oder ihc xpc, hielt ich für die richtige Schreibart auch in ähnlichen Fällen z. B. ihrlm f. Ierusalem. Andererseits drang auch das c weiter ein; man schrieb nicht nur epc f. episcopus, sondern auch spc f. spiritus, tpc f. templum, ompc f. omnipotens (cod. Col. 139 s. XII.).

Voll von Abkürzungen sind juristische Handschriften, darüber s. Th. Mommsen's Ausgabe der Fragmenta Vaticana in den Abh. d. Berl. Akad. 1859, u. Notarum Laterculi ed. Th. Mommsen, im 4. Bande des Corpus Grammaticorum Latinorum. Das ältere System war, den Anfangsbuchstaben allein oder die ersten 2,3 Buchstaben zu setzen, zuweilen mit Auslassung eines Vocals; das jüngere, die Flexion zu bezeichnen, z. B. BR bonorum, und die Anfangsbuchstaben der Silben zu setzen, z. B. hr heres, AT autem, EG ergo, lc licet, TM tamen. Von diesen Abkürzungen erhielten sich einige in der späteren Zeit, so ist RR rerum, ein Nachklang, häufig in cod. Salem. IX, 15 s. XV. in

Heidelberg, die Mehrzahl nicht. Sie sind viel willkürlicher als die späteren, und so bedeuten auch in nicht juristischen Hss. bis ins IX. Querstriche oben oder ein Punkt am Ende ganz allgemein irgend eine Abkürzung, welche man aus dem Zusammenhang errathen muss, unterstützt durch die Beobachtung der Eigenthümlichkeit jeder einzelnen Handschrift. Ueber die Abkürzungen in der Uebergangszeit der Karolingischen Diplome s. Th. Sickel, Die Urkunden der Karolinger I, 305–312. Die sehr abweichend gebildeten westgoth. Abkürzungen giebt Merino, Escuela pal. lam. XIV. XV. Im IX. bildete sich ein neues festes System aus, so dass nur selten zwischen mehreren Bedeutungen die Wahl bleibt. die einfachen, regelmässigen und wenig zahlreichen Abkürzungen aus dem cod. Cic. Corbej. in Berlin s. XII. giebt Freund in der Ausgabe des Cic. pro Milone, Vratisl. 1838. 4. Aber andere Hss. namentlich grammat. Commentare, sind überfüllt von Abkürzungen. Nach dem XIII. werden die Abkürzungen immer zahlreicher u. auch gewaltsamer, weniger jedoch in Abschriften alter Autoren, als in technischen Schriften von scholastischem, theolog. jurist. Inhalt, am wenigsten in modernen Sprachen. Eine merkwürdige Anweisung für richtige Abkürzung geben die Regule de modo titulandi, Facs.-Ausgabe von John Spencer Smith, Cadomi 1840, e cod. saec. XV. Das beste Hülfsmittel ist Walther's Lexicon Diplomaticum, 1751 f. weniger ausreichend und zuverlässig, aber doch zum Handgebrauch nützlich, ist das jetzt verbreiteteste Dictionnaire des Abréviations, von L.-Alph. Chassant, 4. éd. Paris 1876. Auch slavische Abkürzungen enthalten die Abbreviaturae vocabulorum, von Hulákovský, Prague 1852. Dringend zu warnen ist vor dem willkürlichen Rathen, welches so häufig in die greulichsten Fehler stürzt; dagegen kann man sich mit einigem Nachdenken, Beachtung des Sprachgebrauchs, und Kenntniß der Hauptregeln in den meisten Fällen selbst helfen. Dazu sollen die folgenden Bemerkungen einige Anleitung geben.

1. Allgemeine Abkürzungszeichen.

— ist das allgemeinste Zeichen, bezeichnet jedoch am häufigsten ein ausgefallenes m oder n. In Urkunden hat es sehr oft die Form ~ oder ist sonst auf verschiedene Weise verschnörkelt. Auch das ~ in Reg. Karls Sickel, z. B. ipr͂ für ipre, ist nur eine andere Variation des allgemeinen Abkürzungszeichens, welche schon früh verkannt u. misverstanden wurde (Sickel I, 130 Anm. 6), weil es nicht mehr üblich war, ein e am Schlusse abzukürzen. Das lgb ~, p̃ rem l͂ tim. &c am (s. Mon. Germ. SS. III t. 2 . VII t. 4 Arndt t. 32) ist wohl nur ein verstümmeltes m.

| am Ende vertritt anfangs jede weggefallene Endung, z. B. unſ unus, t͂ -tur, bleibt aber nur für die Endung um in ꝛ, am häufigsten oꝛ orum. Auch mꝰ.muſ, hat wohl denselben Ursprung. Nicht gerade hieraus entstanden, aber analog,

ist die im XV. sehr häufige Abkürzung ꝛ am Wortende für is, z. B. ꝣoꝛ hominis, opꝛ operis, op -onis.

ꝰ ist ebenfalls in ältester Zeit ein allgemeines Zeichen; im Gaius steht es für ur, or, us, nach s. XII qꝰ que, manꝰ manet, Sꝰ Set (Arndt t. 22). Über tironisch ist ꝰ us, und das ist in der Regel die Bedeutung, Min. ꝰ sowohl auf als über der Zeile, z. B. iꝰtꝰ iustus. Weit häufiger ist es jedoch am Wortende. In einer Hs. s. XIII. fand ich oft ꝰ ganz wie a gestaltet. pꝰ steht auch für pos u. post, f. letzteres s. XV. auch ptꝪ. Bis etwa XII. kommt auch zuweilen vor tꝰ tus, u. ꝰ us. In einer Hds. s. X/XI. steht ꝰ häufig für us, aber auch für s, neben übergeschriebenem s: ꝺ, annꝰ annos. Spät im XV. begegnet wieder ꝰ für s am Schluß. Es ist wohl nur Verwechselung, wenn im cod. Col. 200 s. X. durchgängig tꝰ für tur steht, dagegen f. 113 t f. tus, us ist gewöhnlich ausgeschrieben, sonst b: mꝰ mus. Westgoth. findet sich mꝰ mus, bꝰ bus, aber auch qꝰ que.

us wird auch durch 1 oder 2 Punkte bezeichnet: B. b:, sehr häufig auch durch ꝫ, ein Zeichen welches mit verschiedener Bedeutung zu allen Zeiten vorkommt, vom XI. an aber auch ʒ ꝫ geschrieben wird, z. B. conſtātiꝫ Constantinus. In dieser Form vertritt es auch m, s. oben unter M. Häufig bedeutet es et: bꝫ, auch mit stärkerer Abkürzung ꝺꝫ f. debet. ſ̈ set (sed). Sehr oft aber steht es für ue nach q: qꝫ q; quoque, auch qꝫ, atꝫ atque, ags. s IX.

9: . Es ist wohl auch dieses Zeichen, mit welchem so häufig der Artikel das abgekürzt wird; im cod. Pal. Germ. 89 erscheint überall ᵭʒ neben u. gleichwerthig mit das.

Einige Zeichen haben beschränktere Bedeutung, so am Anfang u. in der Mitte gebraucht
ɔ con, tironisch, auch im Gaius, im Gloss. Col. ₂, wird vorzüglich häufig im XIII in
der Form 9, welche das ɔ verdrängt. In Italien ist schon früh üblich 9ᵈ con-
dam (quondam), häufig auch nur q̄.

In der Mitte und am Ende stehen

~ ur, tironisch ɔ, in verschiedener Gestalt: ᵹ ꝯ ꝭ ꝫ , später ꝛ tꝛ ꝛc.
Oft fällt ein t davor aus: ꝫ atur. Im cod. Col. 284. x. ꝫ. Eigenthümlich in einem
cod. s. XII (Arndt t. 19) m̃ mur, u. dasselbe Zeichen für r: M̃ace Marce, c̃orãlẽ car-
nales, poco porcos, in anderen Theilen ꞇ tur ã ar.

' ist ein allgemeines Zeichen: bliſ -bilis; ẍ decem, u. im lgb. geschriebenen
Virgil ſx in Wien häufig ' für m. In der Regel aber bedeutet es er. seltener
re, wie in buⁱꞇ breuiter.

' ri ist wohl aus dem übergeschriebenen i (s. unten) entstanden. Im XV. verwechselt man diese Zeichen, u. jede Form von Haken steht nun für er, ir, re, ri, auch für
r und für e nach r, z. B. ꝛe ine, ã ar, ꝛ' re, ꝛ er, ꝩꝫe virge, mãⁱꞇuſ maritus,
fuꝛꝫuſ futuris.

2. Conventionelle Zeichen für einzelne Wörter.

Einige wenige, welche vorzüglich aus den tironischen Noten stammen.

Ir, Ir, Ir autem (notae Quet hr̄) erhielt sich besonders bei den Iren und Angelsachsen

Ʒ eius (tir. ·) u. Ʒ) selten, in sehr alten Hss. und irisch.

= esse (tir. =); gewöhnlicher ist ēē u. ēē. Im XV. ist mir ℧ u. ≠ f esse vorgekommen, für essent ≠ur, in essentia ꝑꝰ.

X u. ÷ ≠ est (tir. ⸗ ·), scot. ꝯ , ags. ⟨⟩, im XV. ⑤ , Ᵽ, Ᵽ , Ʒ.

ꝛ et (tir.) auch ꝛ ꝛ ꝛ ꝛ ꝛ ꝛ, auch am Anfang und in der Mitte der Wörter, besonders in älteren Hss. br bet, ꝛu, roꝛ etenim, ꝛ, ꝛꝼa. & etiam.

ħ hoc, oft missbräuchlich ħ geschrieben, was eigentlich haec bedeutet. Im cod. lat. Monac. 14788 s. Xo. steht wiederholt ħ für hic, aus Versehen da es sonst richtig ħ geschrieben ist.

v̇ und ü ut (tir. V). Auch ꝑ für sine kommt vor.

N̄ enim, ist nur ein durchstrichenes N, später ƕ ƕ ƕƕ mit etwas entstellter Form des N, u. deshalb oft verkannt. Im XV. ꝛꝛ, ꝛꝛ.

3. Von den einzelnen Buchstaben.

.

ā ist am oder an, allein stehend aut (auch ꝛ) oder ann. ā. m̄. d̄. ann. mens. dies oder diebus. Man findet dafür auch a. und ā.

ɓ ist in der Regel ber, am Ende aber bis: urƀ urbis, noƀ nobis.

c̄ ist con, kann aber auch cer und cen bedeuten. In Necrologien bedeutet c. oder c̄ conversus, in Calendarien confessor.

đ Kann für de stehen, wofür im XV ᵍ aufkommt. Am Ende vertritt đ die Endungen dit und ud z. B. ꝝ̄đ respondit (seltener respondet); illđ illud, apđ apud, uelđ velud (velut).

d. oder ꝺ allein stehend ist dicit, nach Umständen auch dies u. diaconus.

ē ist, in der Mitte des Worts em oder en.

ff. figut. nach Savigny aus einem durchstrichenen D entstanden.

ħ ħ ist hoc, ħ haec u. mißbräuchlich auch hos. Im Wort steht ħ vorzüglich für her wie in ħmān⁹ hermannus.

ī im, in. Häufig ist ·i· für idest, z. B. bei Herrad von Landsberg ed. Engelhardt tab. VIII. poetria ·i· fabulosa comenta, wofür im Text S. 32 gelesen ist: poeticam licet fabulosa commenta. Derselbe Fehler findet sich S. 199 in: Parochianus. Parre-chaere licet subiectus. Noch gefährlicher ist die häufige Abkürzung ite für idest, welche natürlich auch idem bedeuten kann, u. so gelesen zu werden pflegt, auch wo der Zusammenhang es verbietet. Diesen Fehler haben schon alte Abschreiber gemacht, s. Mon. Germ. Leg. III 480 n. a u. c. Umgekehrt ist Mon. Germ. SS. X, 12, 16 id est statt idem gelesen.

ꝃ Kalend. u. Kaput (Capitel).

t, l, vel, wofür fälschlich et gelesen ist, so von Lepelletier in der Ausgabe der Formulae Alsaticae, s. Dümmler, Formelbuch Salomons III S. XXXI. In Necrologien bedeutet es laicus u. laica. Am Wortende vertritt es die Endung lis.

m̄ men, wird auch gesetzt, wo mem stehen sollte, wie in m̄bra, u. dann auch aus geschrieben membra. Auch m̄d⁹ für mundus kommt vor.

N. Nonas, auch nomen. n̄ non. Vgl. S. 62 über enim.

θ, theta, bezeichnet nach Isidor Orig. I c. 3 den Tod. Doch löst man a. u. θ (wenn auch dieses daher stammen mag), richtiger mit obiit auf, weil regelmässig der Name im Nominativ steht u. also ein verbum finitum fordert.

p̄ am Wortende bezeichnet eine leicht zu ergänzende Endung, wie ap̄ apud, recep̄ recepit. Abgesehen davon schliesst sich an diesen Buchstaben ein System sorgfältig unterschiedner Abkürzungen, in Minuskel. Denn früher ist das System nicht ausgebildet, u. westg. steht ꝑ für per, u zuweilen auch für pro, welches aber meistens ausgeschrieben wird. Merow. kommt vielleicht nur ꝑ für per vor.

p̄, in älterer Zeit auch p̓, ist prae. Bei Arndt t. 18 p̄, im cod. Vitae Heinrici IV s. XII inc. p̄̄, aber auch p̄, was sonst regelmässig pra bedeutet.

p̆ u. p̄ pra, doch ist p̄ (auch p̆) als Wort für sich persona.

ꝑ per, kann auch für par u. por stehen.

p̓ pri. ags. s. IX. auch ꝓ.

ꝑ, ꝑ, ꝑ pro. ꝓ proprio.

p⁹ pus, seltener pos u. post; für dieses auch pt⁹.

p̄ pur, nach allgemeiner Regel.

ꝓ u. ꝑ propter. ꝓꝓ ist regelmässige Abkürzung für papa durch alle casus, welche nicht bezeichnet werden.

Durch Unkenntniss dieser Zeichen, von welchen nur p̄ ꝑ ꝑ dem Buchstaben p eigenthümlich sind, hat Eastlake eine Pisaner Kunstschule erfunden, indem er pis. Pis. statt Paris. las, fügte aber glücklicher Weise ein Facsimile bei.

q ist ein Buchstabe, dessen Verbindungen von noch grösserer Mannigfaltigkeit u. Wichtigkeit sind.

q̄ u. q̇ stehen in sehr alten Handschriften in verschiedener Bedeutung, namentlich noch im Hs. der Volksrechte für quis, u. noch s. XII. in Brüsseler cod. Benonis q f. quae, in der Transl. s. Dionysii q̇ für quam. Aber nach Ausbildung des festen Systems s. IX. ist regelmässig q̄ nur quae; auch findet sich q̃, q̊, q̇, q̄, u. nachdem man allgemein que statt quae schrieb, brauchte man q̄ auch z. B. in nego. Dagegen wird die Conjunction que unterschieden als q., q: q⁹ q⁹ q⁹ ꝗ. q̄ ist quem.

q̇, q̊ ist qua; q̃, q̄m, q̄ quam.

q u. q̇ ist qui, auch q⊦, häufig in cod. Anselmi Peripatetici. q̇, q̊, q̣ quid, q̊ und q̧ quidem.

66

q̃ ist quia, schon im Gaius q̃, in Fragm. Vat. qͤ.

q͞ . qd̄ . q͛.q̇ ist quod, Majuskel Q̄ð.   qd̄ vor Namen Verstorbener heisst aber auch quondam.

q̄m quoniam wird von modernen Herausgebern sehr häufig quum gelesen, was es niemals heissen kann, ohne Beachtung der Gewohnheit des Schreibers und des widerstrebenden Verbalmo- dus, ja selbst des Metrums, wie bei Hoffmann von Fallersleben, Altd. Hs. d. Wiener Hofbibl. S. 122: O scriptor cessa quum manus est tibi fessa. Viel verschuldet dabei Chassant mit seiner Angabe S. 79 Q̄M quùm, aber für Min. schöpfen doch die Herausgeber aus ihrer eigenen Phantasie. quum und quur kommen allerdings in sehr alten Hs. u. in ein- zelnen bis ins X. häufig vor, im Westgoth. regelmässig, dann aber verschwinden sie, bis sie von den Humanisten wieder aufgebracht werden. Abgekürzt aber wird aber quum nur quũ qũ.

q̄n . auch qdo̅, ist quando. Aber auch q̄n ist verlesen quum z. B. von Mangeart, Catal. des Manuscrits de Valenciennes: quum patiatur opus st. quando patratur opus. Regelmässig ist es geschehen von Laurent in der Ausgabe der Stadtrechnungen von Aachen.

qᵗⁿ quatenus (1448)

q̊ quo. q̊q̉ . q̉; quoque.

qũo quoniam z. B. merow. bei Arndt Taf. II qͧ̃ᷓ. Später für quomodo, nachdem. für quoniam fast ausnahmslos q̄m üblich geworden ist.

r̄ steht am Wortende für -runt. r̄r̄ u. r̄ꝝ für rerum im cod. Salem. 9, 15 s. XII.

ŝ ŝ s. ſ. = sanct u. sive. ſ u. ŝ auch häufig sunt; ſ. u. wohl auch ſ. scili-

cet. ꝑ ist gewöhnlich ser, doch ist es eine allgemeine Abkürzung u. vertritt

auch die Endung sis; besonders häufig im XV. ꝑ; in niederdeutschen Urkunden

vorch vorscreven. ꝑꝑ suprascript. ꝑꝑ̄c̄ suprascripta in Mail. Urk. von 846.

In Transl. S. Dionysii s. XII. regelmässig für set (sed) ſ ŝ.

t̄ ten, tem, ter.

ū um, un, ven, ver; ſū sive. Seltener steht ū für vel, oder für ut statt ū.

ꝟ versus. ꝟ s. XV. vir.

4. Abkürzung durch Anfangsbuchstaben.

Sehr häufig setzte man statt der Eigennamen nur den Anfangsbuchstaben, und das forderte im XIII. von Ausstellern von Briefen und Urkunden
die Höflichkeit, s. Mag. Ludolfi Summa dictaminum ed. Rockinger, Quellen
z. Bayer. Gesch. IX, 363 vgl. S. 463. War ein Schreiben nicht an die Person, sondern an das Amt gerichtet, so wurde es nach dem XIV. üblich, statt des Namens
zwei Punkte zu setzen, was auch sonst sehr allgemein gebräuchlich wurde,
man schrieb z. B. .. cives talis oppidi. Vgl. darüber die Summa Guidonis Fa-
bae a. a. O. S. 198 Anm. 2, u. Conrad de Mure S. 463. Es ist ein grober Fehler,

statt deren drei oder mehr Puncte zu setzen, was eine Lücke in der Handschrift oder
ihrer Vorlage vermuthen lässt. Im XIV findet sich ∾ auch vor dem ausgeschriebenen Namen. In Formeln u. sonst zuweilen steht statt des Namens ill. wy
dem man nicht mit Baehrens im Rhein. Mus. N. F. XXXI, 89 einen unmöglichen Namen machen darf.

Einzelne Buchstaben welche für kleine oder leicht zu findende Wörter stehen,
sind §3 angeführt; verschieden davon ist die Ersetzung bekannter Formeln
durch die Anfangsbuchstaben, häufig bei den alten Juristen, in den päbstlichen Regesten und anderen Urkundenformeln u. Abschriften, auch bei Schrift-
stellern für bekannte Bibelsprüche, bei Commentatoren für die Lemmata u.
bekannte Verse, namentlich aus Virgil, am stärksten, wie M. Hertz mir mittheilt,
in den Fragmenten von Asper's Quaest. Virg., nach einer Pariser Hs. von Keil beim
Probus in Virg. (Halae 1848) herausgegeben.

In Messbüchern steht regelmässig VD, gross u. schön verziert, für Vere dignum.

5. Uebergeschriebene Buchstaben.

Steht ein Buchstab über dem andern, so ist gewöhnlich zwischen beiden etwas
zu ergänzen, doch nicht immer, s. ť für ta u. a. bei W. Arndt t. 22 saec. XII.
a hat in diesem Falle häufig die Karol. Form u, übergehend in ∾, ∾, doch

auch a , z. B. ꝗ̃ ꝗ̃ gra, ꝝ u. ꝗ̃ contra, ꝗ qua, t̄ tra, aber im cod. Salem. 9, 15 häufig t̄ für tua. Später werden die Verkürzungen stärker, so ꝋ̃ omnia, b̄ō bona, ꝝꝝ regula (wo das ~ nicht mehr als ursprünglich a verstanden ist). lu̅ꝫ lunam, p̄. personaliter (vgl. §3), Xριτωρ deputatorum, fō̄ forma, m̄dā mundana. Weil am häufigsten r zu ergänzen ist, dient das aus a entstandene Zeichen auch für r, besonders nach a, s. §1.

e verhält sich ähnlich wie a, z. B. t̄ tre, q̄ que, n̄ kommt für nec vor, s. unten.

i steht übergeschrieben häufig für ri, aber ȧ , ꝙ, ist ali, ꝗ̇bꝰ aliquibus, jedoch steht auch ā für aut. i̇ ibi , ṁ michi, ṅ nisi, q̇ qui, ṡ sibi, ṫ tibi, u̇ ubi, ẋ Christi. Man findet aber auch v̇ und u̇ f. vir, uiris. ḣ hic.

o für ro z. B. in ē , aber ṁ ist modo end monachus , u̇ und v̇ vero u. quinto, u̇ kann aber auch secundo bedeuten. ḣ hic. In dem stark abkürzenden cod. Run. 84 s. XII. in Versen, wo die Ergänzung sicherer ist, bedeutet ḣ auch homo, ṁ modum, t̄ totum.

u kommt seltener so vor, doch findet sich ꝗ̈ ꝗ̈ f. gra u. s. w.

Auch Consonanten werden übergeschrieben, wo vor ihnen ein Vocal zu ergänzen ist, z. B. n̄ nec - aber im cod. Lat. Monac. 19488 s. XII. bedeutet y nunc (sonst n̄c), weshalb für nec n̄ steht ; p̄ pec , ꝯ hic . t vertritt häufig die Endung it, z. B. ủ uit, n̄ nit. ꝑ potest . Etwas anderer Art sind ꝯ igitur u. ꝫ (auch ꝙ) ergo, welche schon von alten Schreibern sehr oft verwechselt sind, u. ꝫ erga.

6. Auslassungen in der Mitte.

a. Ein einzelner Vocal bleibt weg.

a nur selten: tli tali, forā facit (spät), pꝑ pater.

e häufig, z.B. bn ben (auch bene), angli angeli, m̄ ten (alleinstehend tamen);
ūt vel , wofür Herausgeber häufig ut lesen.

i z.B. in der Endung ttis -bilis; sehr häufig in der Endung -tio -tio, auch mit stärkerer
Verkürzung, besonders in späterer Zeit c̄oi -cioni.

u in mtis multi, apꝺ apud, simt simul, cli in der häufigen Endung -culum. Auf
das Uebersehen eines solchen Abkürzungstriches ist es wohl zurückzuführen, wenn
wir in d. Verhandl. d. Philol. Vers. 1863 S. 8 den Vers lesen: Urbis es Herbipolis, Mi-
chael, speclum speciale, u. sonst oft in Abdrücken (aber nicht in Handschriften)
seclum, miraclum.

b. Ein Consonant wird ausgelassen.

Gewöhnlich m oder n : tpe tempore, ānꝰ) annus, oder beide : ōis omnis. Selten
wird ein m oder n zwischen zwei Vocalen so behandelt (maū manu), wohl aber s:
ipe ipse, poꝰis posicis, caū casu, doch mit Ausnahme des etwas verschiedenen ipse,
nicht leicht in älterer Zeit. Spät ist auch moꝰ modis, üblich u. a. m.

c. Nur der erste und letzte Buchstabe werden gesetzt, allein oder mit einen oder mehreren aus der Mitte, z. B. c̄a causa, wofür (c̄a) schon alte Abschreiber tam gesetzt haben ; r̄o ratio, q̄o quaestio, d̄s deus, Gen. d̄i, oft verwechselt mit dn̄i dn̄i dominus ; ēē u. c̄ē esse , p̄r pater , m̄r mater u. martyr, f̄r frater, n̄r noster, ūr vester, sehr oft verwechselt, īō ideo , ūō vero , h̄o homo , n̄c nunc, t̄c tunc, ōē omne , s̄r super, s̄ sunt ; n̄a nostra , n̄o numero, nur in sehr alten Hdss. ēn tamen, ēm tantum, allein nach dem ältern System ist t̄m ta-men, u. das kommt auch in jüngeren Hss. noch zuweilen vor, häufig im Brüsseler cod. Bononiae. Wenn aber (Sitz. Ber. d. Wiener Ak. 84, 114) gedruckt ist : quorum pena non tamen semper durat, sed ... augetur, so weiss man, dass tantum zu lesen war. Wo n und u ähnlich geworden ist, kann auch tum statt tamen gelesen werden. f̄ ist die Endung - liter. Statt des letzten Buchstaben kann auch eine Abkürzung stehen : e⁹ eius , ꝯ cuius, h⁹ huius, aber hꝰ, hui⁹, hꝰ ist unregelmässig huiusmodi. ✳ igitur , b⟩ videlicet, oꝫ oportet . Ueber ihs xps u as. oben bei der Uncialschrift. ēpe bleibt in älterer Zeit manchmal unflectirt, häu-figer ist ēpi q̄o ēpm. s̄pr kann spiritus u. species (dsch gewöhnlich spēs) heissen, spät spiritualis (seltener spuāl) u. specialis. Im Chron. Oliv. SS. Rer. Pruss. I, 718 ist durch die Lesung spiritualiter statt specialiter, dem Prof. Muther: Zur Gesch. des röm. canon. Prozess (1872) S. 27 Anlass zu scharfsinnigen Folgerungen gegeben. dn̄s wird immer durch das n von d̄s unterschieden ; im früheren Mittelalter ist als Titel dominus ge-

brauchen, welches sorgfältige Schreiber als dñ⁹ unterscheiden.   ipr imperator,
pbr (statt prb) presbyter.   habere als häufiges, leicht kenntliches Hülfswort
wird stark abgekürzt, hȝ habet, hbuit habuit u. s. w. Findet man also neu einem Not. Instr. gedruckt: D. in domo hintacensis, so wird habitacionis (hĩtaõ.)
vorzuziehen sein.   mĩa ist misericordia u. miseria, durch den Zusammenhang leicht zu unterscheiden.   grã gratia, głĩa gloria.   dr dicitur, dñr dicuntur, dõt dictus.   fcã facta; wenn Sitz. Ber. d. Wiener Ak. 84, 118 es von der Ehe
heisst: si contraxerit de sancto, so wird scõ u. fcõ verwechselt sein.   ꝑpm per-
petuum, am Eingang päbstl. Privilegien ꝑꝑꝟ.   hndat habundat.   ecła eccle-
sia, epłs epistola, pñia penitentia, phĩa philosophia, sñia sententia, dto dilectio,
sołm saeculum.   ꝺꝺ David, ꝺꝺi dictandi.   ønd ostendit, rñꝺ respondet.   pñs prae-
sens, płꝰ plures płum plurimus.   õr contrahitur, qñs consequens.   rõ re-
surrectio.   nũ⁹ numerus.   ꝺꝺꝉa diversa.   łȝ scilicet, sctm secundum; dafür
aber fand ich im cod. Salem. IXᶜ von 1494: sm (was sonst sanctum heisst) sm. ꝗ.
u. ꝉ. Sonst auch ꝛꝫ.   Diese Beispiele mögen genügen, um das sehr einfache
System zu zeigen, welches in den meisten Fällen kaum einem Zweifel Raum
lässt, abgesehen von flüchtigen Cursivschriften u. Collegienheften.
Im XV. wurde es üblich, die Endung klein oben zu setzen, zum Zeichen dass davor
etwas zu ergänzen sei, z. B. amͭ amavit, was oft verkannt oder übersehen

wird. So auch nᵃ nulla, pᵗ prout, uⁱ videlicet (während vz für valet vorkommt)
loᵗ loquitur, leᵗ legitur, vᵈ velud, ℔ illud, oⁱˢ -citas, nᵗ -ntes. In scholastischen,
jurist. u. a. technischen Werken sind die Abkürzungen oft vorkommender Worte
sehr stark, wie ꝓᵃ probatur, ꝓ respondetur, p3 patet, und conventionell
aᵒʳ, aʳ maior, bᵒʳ minor, auch bⁿˢ minus. Sie gehen aber auch über ein Wort
hinaus: bᵒʳᵗ minor probatur, vᵗ ut patet, nullᵒ nullo modo, ᵛⁱᵃ verbi gratia,
qˢ quod sic, nᵒˢ non sic, ℯᵗ et sic, ℯᵈⁱⁱˢ et sic de aliis.

7. Weglassung der Endung.

Das geschieht im Mittelalter nur, wo die Endung leicht und mit Sicherheit
zu ergänzen ist, z. B. incarⁿ (nach griech. Weise) incarnationis; āⁿ ante, ūⁿ
unde, caᵖ caput, aᵖ apud, aūᵗ u. aūtᵗ autem, īn inde, iᵗ item, sonst auch
iᵗm, welches abusive auch für iterum steht; iᵗ inter, hᵗ sicut, und die Endungen oꝫ ensis durch alle Casus, r̄ runt, ū vit. Dies kann aber auch -versis
bedeuten, wie in iuuaū, welches irrthümlich Iuuaum gelesen ist.

────────────

Schon alte Abschreiber haben durch falsche Auflösung der Abkürzungen
grosse Verwirrung gemacht, so dass man durch Rückschlüsse die richtige Lesung
finden muss, s. z. B. über Uncialschrift Mommsen zum Veron. Livius S. 162, und

M. Sitcbauer de cod. Kiv. Vindob. (1876); für spätere Zeit Cod dipl. Silesiae V p. 10: dieser Abschreiber setzte u. u. statt consules - asinos, weil er das g seiner Vorlage für ein a
hielt. Im cod. Colon. 210 s. VIII. steht u. s. f. 129: mulieres q: apre grecos praesbyteri (statt
-rae) dicuntur. apre nos seniores - wo zweimal aps apre statt apud gelesen ist. Oft sind
gerade die kalligraphisch ausgezeichnetsten die fehlerhaftesten. Sehr viele Hss.
u. durchgehends die Urkunden sind aber fast fehlerfrei, u. es kommt nur darauf
an, sie richtig zu lesen. Man darf nicht glauben, was oft der Fall zu sein scheint, dass
etwas um so echter mittelalterlich sei, je unverständiger und unverständlicher es
aussieht; auch nicht, dass die Abkürzungen nach Laune u. Willkür gesetzt sind: sie
beruhen auf ganz bestimmten Ueberlieferungen u. Regeln, u. müssen auch diesen ge-
mäss gelöst werden. Im Falle des Zweifels ist es immer rathsam, in Walther's Lex.
Dipl. nachzusuchen, auch das Wort nachzuzeichnen, wo bei wiederholter Ueberlegung
oft die richtige Lesung gefunden wird. Z. B. steht bei Walther S. 11 u. auch bei Chassant ganz richtig $\bar{a}^l$ animal, u. doch hat Loserth, Sitz. Ber. d. Wiener Ak. LV, 335, es verkannt
obgleich auch der Sinn darauf führt. Eine Auflösung, zu welcher die erkennbaren Elemente nicht passen, ist sicher, eine sinnlose wahrscheinlich falsch, wenn die Hs. übri-
gens correct ist, u. in den meisten Fällen wird eine sorgfältige Construction des Sinnes
auf den Sitz des Fehlers führen. So kann man in der Ausgabe der Gesta abb. Bergen-
sium p. 1 gleich erkennen, dass 'sub congrua unitate scribendum' keinen Sinn giebt,

und sieht bald, dass in ūιτατε veritate steckt. Noch einfacher ist Gregorovius' Bedenken,

Münd. Sitz. Ber. 1877 S. 996 zu heben, indem man statt staussen - stanssen (stanze) liest.

Finden wir einen Versanfang Musi convenite (Zingerle in d. Wiener Sitz. Ber. LIV, 308), wo dem

Rhythmus zwei Silben fehlen, so werden wir folgern, dass (wie so häufig) die Initiale fehlt,

statt m - ni, statt u - ū zu lesen ist, und erhalten Universi. Steht aber in einem schlech-

ten Abdruck: Dilacero tūa, domine, so liegt die Verbesserung Dilectio (dilc̄o bei

Chassant) nahe, doch Hoffmann v. Fall. (In dulci Jubilo S. 74) macht daraus Dilaceratio.

Durch Unkenntniss mittelalterlicher Orthographie hat Hauréau gefehlt, wenn er (Sin-

gularités p. 195) wiederholt setzt in quid, u. gegen Sinn u. Grammatik übersetzt: en

quelque chose, wo ganz einfach inquit gemeint war. Wenn Herberger in seinem

Conr. Peutinger S. 5 druckt: Cardinal Andigauen, so sieht man gleich, dass Andigaven-

sis zu lesen war, und bei dem folgenden putat lehrt der Zusammenhang, dass es für

praesentat (pr̄tat) verlesen ist. Bei einer Mittheilung von F. X. Kraus im Jahrb. d. Al-

terthumsfr. im Rheinland XLIII, 137: Anchiria M et XVIII mansus, fällt die übergrosse

Zahl auf, u. wie Dr. Nolte schreibt, steht in der Hs. Anchiriaco et. Als einfacher

Lesefehler stellt sich auch der Card. Lepotto (Fontes Rer. Austr. Dipl. XI S. 4) heraus statt

Ego Otto. Arg war es, dass in dem Catalog der Münchener Ausstellung von 1876 S. 6

die Jungfrau Maria zu einer paries violata gemacht war, statt: pariens, tamen

inviolata. Nicht übel auch 'de conceptu sancti Verri' statt 'de contemptu mundi'.

Parthey nachgewiesen im Archivio della Società Rom. di Storia patria I, 10. Aber auch schon in einer Vorauer Hs. saec. XII steht: de vanitate scoti, statt seculi. Nicht übergehen kann ich in den Sitz. Ber. d. Wiener Ak. 84, 122 in einer Vergleichung der Stände mit den Körpertheilen den Satz: 'ventus qui mollis est et immundicias habet, sunt infimi' statt venter. Dergleichen Fehler können ja schon in der Hs. stehen, aber der Herausgeber muss sie dann als solche bezeichnen. Da bewusstloses Nachmalen durchaus nicht vor den ärgsten Lesefehlern schützt, wäre es doch wünschenswerth, dass Editoren sich der Operation des Denkens, falls sie deren überhaupt fähig sind, nicht ganz entschlügen. Freilich hat auch das seine Gefahren.

Worttrennung.

In dem Bellum Act. der Vol. Herc. steht nach jedem Wort ein Punkt, wie in den Inschriften, vgl. Suet. V. Aug. c. 87: non dividit verba. Die Praepositionen aber sind mit ihrem Nomen verbunden, was auch später in der Regel geschieht, wenigstens bei den kleineren a ab ad de etc. u. ebenso auch häufig bei ut ne et u.a. Vgl. oben 93 über idest. Andere Majuskelhss. haben keine Worttrennung, u. wo Punkte zwischen den Worten stehen, scheinen sie immer von jüngerer Hand herzurühren. vgl. Suet. de ill. Gramm. c. 24: M. Valerius Probus... multa exemplaria contracta emen-

dare ac distinguere et adnotare curavit. Bis ins IX. findet sich keine regelmässig-
durchgeführte Worttrennung, u. unvollkommen bleibt sie in manchen Hss. bis
ins XI. In Abschriften sind dann oft die Worte unrichtig verbunden u. zerrissen, wie Mon.
Germ. SS. XI,³ spatii rannorum aus spatiis annorum gemacht vorkommt. Aeltere Beispiele bei W.
Arndt t. 6. Zuweilen ist es durch Zeichen später berichtigt, nach Pertz im Arch IV, 522 durch
⊹ (s. IX) über der betr. Stelle, später (Arch. II, 152) aʼ quaʼdireɫɫe , deʼpri… Häufig ist in sehr
alten Hss. wenn zwei Wörter mit gleichem Consonant zusammenstossen, derselbe (u. auch
ganze Silben) nur einmal gesetzt, z. B. hocaput st. hoc caput.
Ueber die alten Regeln der Wortbrechung u. ihre Veränderung durch die späteren Grammatiker handelt Th. Mommsen de Livii cod. rescr. Veron. (Abh. d. Berl. Akad. 1868) S. 163 - 166. In
den Pommersf. Fragm. Bnd. sehen wir q|uo, st|ichus u. dgl. Im Cod. Fuld. (ed. E. Ranke) hat
Victor Cap. q. 546 u. 547 nach der neuen griech. Mode geändert. Bindestriche fehlen
in ältester Zeit, sind aber oft später zugesetzt. Im Würzb Palimpsest fand E. Ranke
(Par palimps. p. IX. XI) Punkte am Ende, u. auch am Anfang der folg. Zeile. Aus dem cod. s. VII der
Gesta Pontificum führt Pertz (Arch. V, 72) an :· u.·: um Ende der Zeile, sogar zwischen
Subst. u. Adjectiv. Ein Strich am Ende der Zeile kommt bis ins XI. nur sehr selten
vor, dann häufiger, und besonders im XII. auch am Anfang der folgenden Zeile: au -
- tem. Das fand ich einmal schon im cod. Col. 143 s x. bei huius- -modi. Doppelstriche
finden sich einzeln im XIV. mehr im XV. Jahrhundert.

Interpunction.

Die ältesten Hss. haben gar keine; nur Hauptabschnitte werden bezeichnet, im Fragm. Livii (Sall.) ed. Pertz mit überhöhtem P(aragraphus): **P Q**. Die griech. Weise, die auf ein Satzende folgende Zeile mit einen grösseren Buchstaben zu beginnen, hat den Abschreiber des Gaius irregeführt, indem er mit solchem Buchst. en falscher Stelle einen neuen Absatz begann; sie scheint sonst lat. nicht vorzukommen. Isidor Origg. I, 21 sagt: Paragraphus Γ Γ ponitur ad separandas res a rebus etc. Die Zeichen sind natürlich in den Hss. verschieden: Γ, Γ. In Gregorii Pastorale aus Wirden s. IX. ex. in Berlin findet sich das nebenstehende Zeichen als Quaternionenbezeichnung (wie hier mit ✗) u. ebenso am Anfang der Kapitel (cod. theol. lat. f. 362). Westg. s. IX. findet sich Γ, sonst Γ. Γ. Γ, Γ. Γ, in der Regel mit rother Farbe ausgezeichnet. Im Gaius ℞, Pand. Flor. ℞ d. i. Rubrica. Ausserdem schon IX. ℟ für Kapitulum; häufig werden die Kapitel durch Zahlen (im Codex von Sarezzano, Diss. del sac. Guerrino Amelli, Mil. 1872, mit griech. Buchst. A̅ B̅ u. s. f.) u. Ueberschriften, oft auch nur durch grössere Initialen bezeichnet.

Jüngere Uncialhss. haben allerhand Interpunctionen, doch ohne ausgebildetes System. Die Grammatiker wiederholen die griech. Lehre von den drei Puncten: distinctio finalis = τελεία, media = μέσον, subdistinctio = ὑποστιγμή. Donat. de posituris, Keil IV, 372.

Diomedes l. III p. 432, bei Keil I, 437. Isidor wiederholt dasselbe, anknüpfend an den Namen der Satzglieder: periodus, colon, comma. Cassiodor Instit. div. lect I c.15 sagt: Sed ut his omnibus addere videar ornatum, posituras, quas Graeci θέσεις vocant, id est puncta brevissima pariter et rotunda et planissima singulis quibusque pone capitibus, praeter translationem S. Hieronymi, quae colis et commatibus ordinata consistit, quoniam illustrem et planissimam faciunt orationem, quando suis locis ... apt at a resplendent. In der hier erwähnten Schreibart per cola et commata hat jedes Satzglied eine Zeile für sich; so ist der einzig erhaltene Rest Kais. Kanzleischrift geschrieben, u. ausser einer Anzahl Majuskel-Hss. biblischer Schriften, der cod. Reg. 6332 der Tusculanen (Ritschl's Kl. Schriften I, 89 vgl. 95) s. IX, Reg. Greg. M. s. IX (Col. gr. Arndt t. 43), Greg. Tur. s. VIII (Arndt t. 13) u. cod. Fuld. ed. Ranke in etwas grösseren Absätzen, innerhalb deren die Satztheile durch ⸰ mit Zwischenraum getrennt sind.

Ueber die eigenthümlichen Zeichen Cassiodor's in seinem Commentar zu den Psalmen s. Reifferscheid, Wiener Sitz. Ber. 56, 507, Langemeister ib. 84, 527, Ad. Franz, Cass. S. 96, Arndt t. 49.

In Minuskel konnte man natürlich mit höher u. niedriger gestellten Punkten nicht auskommen. Schon im VII. findet sich das System, von der subdistinctio anfangend: ⸰ ; ⸴ ; am Schluss kommt noch in Col. 98 s. VIII. vor: ⸎. In irischen Hss. nach F. Keller: ⸰ ⸰⸴ ⁛ . Dagegen bildete sich in der Karol. Schule das System aus: ! ⸰ ; (oder ⸴) s. Alcuini ep. 85 (CXII. p. 459 Jaffé); Summa Ludolfi ed. Rockinger, Quellen z. Bayer. Gesch. IX, 369. Summa Conradi de Mure ib. p. 443. bez. als suspensiva, constans, finitiva. Von diesen Zeichen ist ' ein wenig stärker als unser Comma — es stört sehr, wenn es in Abdrücken durch ! ersetzt wird — und . nicht ganz so stark wie unser Semicolon. Dazu kommt das Fragezeichen ⸮ ᷒ ᷓ ᷔ. Im Lgb. steht auch über dem Wort, mit welchem die Frage beginnt, ein ᷒, am Schluss ᷔ, s. Mon. Germ. SS. VII. t. 3. Dümmler, Auxilius u. Vulg. S. 52. Arndt t. 7. Hartmann Schedel s. XV. setzt ein ähnlich geformtes Ausrufungszeichen über das betr. Wort : Angeline .

Ausführlich handelt über die Interpunctionen mit Berufung auf Isidor R . Baco, Opus tertium p. 248 s. Vgl. auch Pertz im Archiv IV, 521. Ueber das eigenthümliche System des Thomas a Kempis Hirsche's Ausg. von dessen De imit. Christi, Berl. 1874.

Anführungszeichen finden sich früh u. häufig in verschiedener Form vor den Zeilen, in welchen Textworte angeführt sind : ᷉ ' " , " , Arndt t. 5. In einer altirischen Evangelienhs. ᷉ vor jeder Zeile roth, u. auch Gruppen von ·· (roth) zur Ausfüllung unvollständiger Zeilen. Anzeiger d. Germ. Mus. 1869 Sp. 293. Revue Celtique S, 31. Einfache Striche ʳ ' kommen zuweilen vor u. werden vom XIII. an häufiger. Klammern (· ·) sind im XV. häufig.

Umstellungen werden durch verschiedene Zeichen angeordnet, im Gaius pereg.⁎homo homo peregrinus. Sonst ⁎ad⁎or eos ad, bei Victor Cap. ⹀ u. ⹀ , oft durch übergesetzte Buchstaben.

Bei ausgelassenen u. am Rande nachgetragenen Stellen steht in Liv̈ii palimps. Taurin.
im Text u. am Rande h̄s , im Cod. Fuld. (tab. II) u. Col. 212 s. VII. h̄d u. h̄s , im cod. canonum
Corb. s. VI. (Paris. 12097, N. Traité VI, 299 n.) h̄d u. hl , in codd. Col. 166 s. VII 184 s. IX. 197 s. XI. u. im merov.
Eugipp bei Delisle Notice p. 15. h̄d u. h̄p , in Lindisf. Gospels, Col 192 s. XI. Transl. S. Dionysii s. XII.
đ u. h̄. Sonst werden Einschaltungen so wie auch Correcturen, Varianten u. Scholien
durch Buchstaben u. vielförmige Zeichen an ihren Platz gewiesen. Ein vacat am
Rande zeigt an, dass etwas nicht gelten soll (s. z. Sove, Doppelchronik von Reggio S. 26)
oft auch nur, dass ein Abschreiber es übergehen soll.

Ueber – ⌐ (obelus) am Rande s. Riese, Anthol. I p. XXXI. In Sanctgaller Orosius steht ÷
vor doppelt geschriebenen Zeilen, in cod. Col. 193 s X ÷ vor Stellen u. Zeilen, die am falschen
Ort stehen oder ganz ungehörig sind. Corrupte Stellen bezeichnet auch ⊣ ÷ ✝ am
Rande (Ranke zum Cod. Fuld. p. XI). Das 'zeta quod est vitii signum' wie Paulus in dem
Brief an Adalhard von Corbie sagt, in der (verlorenen) Abschrift von Gregorbriefen, ist
bis jetzt nur von P. Ewald gefunden im cod. Colon. 92 s. VIII. als ꝣ , ꝫꝫ , auf f 136
viermal neben einander, f. 41: ꝫꝫꝫꝫ , f. 139 v. ꝫ – u. im Düsseld. cod. derselben
Gregorbriefe s IX einfach u. deutlich als Z , Z.

Sehr häufig zeigt ℞ ⸶ r̄ am Rande an, dass etwas nicht in Ordnung oder
zweifelhaft ist, ausgeschrieben require im Sanctgall. Orosius, im cod. Col. 204, u.

82

Col. 204. Ekkehart IV sagt im cod. S. Gall. 174 der Briefe Augustins s. IX: Liber optimus, nimis autem vitiose scriptus. Hunc ego quidam corrigere per me, exemplar aliud non habens, si poteram temptavi. ergo ubi minus potui rt litteram apposui.

Als bemerkenswerth werden nach Isidor I, 20, 22 Stellen durch das Chresimon bezeichnet. Das findet sich häufig im cod. S. Gall. 48 (Antiquiss. ev. Codex ed. Rettig, Tur. 1836, p. XLI) im Col. 210 s VIII : ⸹, im Col. 200 s. X : ⸽, wechselnd mit ⸎ in ders. Bedeutung. Im Col. 212 s. VII.

als ⸎, ⸎, ⸎, ⸍, ⸍, wo man den Uebergang zu rt sieht, welches vielleicht hieraus entstanden u. dann anders erklärt ist, auch wie es scheint, manchmal nur die Bedeutung von Nota! hat. Auf einem Blatt s. VI im cod. 212 steht am Anfang einer Inhaltsangabe ⸎ ⸎ IN ... Hier möchte man an zweiter Stelle Rubrica lesen, an erster das Monogramm von Christus sehen, als welches irrthümlich das Chresimon, Chrismon ausgesprochen, erklärt wurde. Man übertrug diesen Namen dann auch auf C u. s. am Anfang der Urkunden. Nach Mittheilung von Prof. Schum findet sich im cod. Friburg. Burch. Worm. ⸎; im cod. Col. 185 s. X. steht oft am Rande ⸎, ⸎ ⸎. Da haben wir also ⸎ eine Verquickung mit dem später überaus ⸎ häufigen Monogramm für Nota in mannigfacher Bildung, durch welches das ⸎ verdrängt wurde.

Getilgt wurden Buchstaben u. Wörter durch Ausstreichen: CON, durch kleine Striche oben: SUT, que, durch Punkte über den Buchstaben, s. Jaffé zum Schlum-

merlied, Zeitschr. f. deutsches Alt. XIII, 499 Anm. Victor Cap. tilgt durch solche Punkte:
ᴄ̇ᴅ̇, u. ganze Stellen durch⊖ am Anfang u. Ende. Am häufigsten wird getilgt durch
Punkte unten ṇ, oder beides a͏̣n͏̣s͏̣, oder durch Unterstreichen. Im cod. Nesp. steht.
Pontiff. feliẍ̤ (Arch. V, 72). bei Unsicherheit wird, wie W. Arndt bemerkt, die Correctur nur angedeutet, so in V. Ott. (Jaffé Bibl. V, 805 n. a) ṳe̤rania st. uor.
Nach Siméon Luce (Bibl. de l'École des Chartes IV, 4, 360 – 363) stehen in einem frz. Ms.
s. XIII. Punkte unter d u. ş, wo sie nicht ausgesprochen werden sollen.

Viele Hss. sind ganz nachlässig interpungirt, nur mit sehr willkürlich gesetzten
Punkten; doch ist zur Zeit der ausgebildeten festen Minuskel die Interpunction
in der Regel sehr sorgfältig, oft vom Vf. oder Corrector revidirt oder erst hinzugefügt. Abt Wilhelm von Hirschau ließ s. XI. die Hss. der Klosterbibliothek corri-
giren 'et ad antiquitatis regulam per distinctiones, subdistinctiones et plenas
distinctiones emendando perducere'. V. Trogeri c.9. Mon. Germ. SS. XII, 457. Nach
dem XIII. wird die Interpunction nachlässiger, beschränkt sich auf Kommata und
Punkte, oder fehlt auch wohl ganz. Die Humanisten haben dann, wie die
ganze Schrift, so auch die Interpunction restaurirt. u. Tractate darüber geschrieben.

Längen u. Kürzen finde ich nur im Priscian bezeichnet (cod. Col. 200. lār. lärif.

Accente zur Anleitung des Lesers finden sich schon im IX. vorzüglich in Büchern,
welche zum Vorlesen bestimmt waren, wie Legendarien, ' u. ˄. Namentlich wird

auch die mit dem Haupta-ort verbundene Praeposition a so bezeichnet z. B. á deo
für a deo. Die Pomp. Wachstafeln haben ó als Bezeichnung des Ablativs.

Zahlen.

Wegen der röm. Zahlen in älterer Zeit und der Minutien für Brüche verwei-
se ich auf G. Friedlein: Die Zahlzeichen u. das elementare Rechnen der Grie-
chen u. Römer u. des christlichen Abendlandes vom 7. bis 13. Jahrhundert. Erlangen 1869.
Im früheren Mittelalter sind die Zahlzeichen in der Regel (aber nicht westgoth.)
von Punkten eingeschlossen u. dadurch als solche bezeichnet. In merow. Hss.
überragt oft einer der Einer, besonders der letzte; auch werden sie unter einander
verbunden : uıuı 9. Ijnl 54. lı 2. Später finden sich häufig zwei Einer zu u
verbunden : Dccc x L u u 844. Der letzte Strich wird sehr oft unter die Zeile
verlängert: .vıj. Die Endung wird häufig übergeschrieben (nur westg. ohne Un-
terscheidung in gleicher Grösse nachgesetzt): ü secundo, von vero und quinto
nicht zu unterscheiden; .üiï .x̊. üïj. ôg. ćć. x̊v̊g. .ıj. ćć. poïjˢ In
frz. Urkunden üïj quatre-vingts u.s.f.
Für 5 kommt bis ins IX. häufig u, ϡ, ϡ vor, später seltener, doch hat ein Berl.
Cod. s. XI. immer ϡ für V als Zahl, u. Rumpf im Frankf. Programm 1868 S. 4. weist
u für 5 in einer Hs. s. XII. nach.

Vielleicht dem Griechischen entlehnt ist das Zeichen für 6, das ich zuerst in den Siebenb. Wachstafeln finde: ʒ, ϛ, bei Victor Cap. ϛ, im cod. Marii (Arndt t. 16) ϛ, cod. Col. 212 s. VI: ϛ, ϛ, merow. ϛ, ϛ, in einer ital. Hs. s. VIII: ϛ. Dann verschwindet g.

Im cod. Col. 186 s. IX ist häufig für 30: ✕.

Wie die Zahlbuchstaben überhaupt die gewöhnlichen Veränderungen theilen, so erscheint z. B. für 500 neben D auch ꝺ, ꝺ, ꝺ.

In den Annales Sangall. von 956 sind die griech. Zeichen 𐌑 ω ꝙ gesetzt f. 700, 800, 900. Tausend ist im VII. ∞, sonst M, ꝏ, ꝏ etc. Oft aber auch ·I·, ·III·. Im cod. Marb. D 38 ist um 1480 eingeschrieben ꝏꝏ, ꝼ florenorum, d. i. milia, nicht verstanden von C. F. Hermann, Analecta Catalogi p. 34.

Ueber Ɔ, 500000 in röm. Zeit, s. Th. Mommsen im Hermes X, 472.

Für ½ steht S (semis) in d. Pomp. Wachst. u. Inschriften, noch im IX: LXIIS 62½. Später ƶ, ᵫ ᵫ̃ 2½, ij^c andirhalbehundert, wie denn auch sonst Hunderte durch übergeschriebenes C bezeichnet werden. ꝛ ist 4½, vgl. über eine Urk. von 1182 Ermisch im Anzeiger des Germ. Mus. XXIV, 262. Daselbst Sp. 1–7 hat Th. Ilg nachgewiesen, dass in baltischen Stadtbüchern s. XIV häufig cʒ, cʒ für 50 vorkommt. In der Hallischen Lehentafel von 1656 ist ✕ 9½, ✕ᵬ 14½, ✕✕ und ✕̄✕ 19½. Sonst auch H, VIII½.

Ziffern.

In Betreff der sog. arabischen, richtiger indischen Ziffern scheint durch die neueren Untersuchungen festgestellt zu sein, dass das betr. Capitel von Boethius' Geometria mit den apices ein Zusatz des X. Jahrh. ist. Dass die Ziffern am Hofe Karls d. Gr. bekannt waren, ist möglich, aber nicht erwiesen. Durch Gerbert sollen im Abendland die Gobâr-Ziffern mit Namen arab. Ursprungs bekannt geworden sein; s. die Formen zusammengestellt bei H. Hankel: Zur Gesch. d. Mathematik (1874) S. 325. Jetzt hat Enr. Narducci in d. Memorie dell' Acad. dei Lincei, Classe di scienze fisiche etc. ein Blatt aus einer Hs. s. XII er bekannt gemacht, 1877. wo diese apices in wirklicher Anwendung und mit Positionswerth vorkommen, aber für 10 ist X gebraucht. Es fehlt die Null, arab. Zifra, ital. zefiro, zero. Die Florent. Chronik des Laurentius preob. s. XV. inc. sagt von K. Rupert: qui in Lombard. veniens nihil boni fecerat. Unde Florentini dicerent eum illustrissimum zerorum zero.' Aber mathematisch ist die 0 sehr wichtig, u. sie wurde erst im XII. bekannt durch die Uebersetzung der Arithmetix, welche Mohammed ben Musa aus Kharizm, deshalb Alkhârizmi genannt, für den Kalifen Al Mamun (813-833) verfasst hatte. Man nannte sie über Algorismi. Fruchtbar für die Wissenschaft wurde das Decimalsystem erst durch die Schriften des Leonardo Fibonacci aus Pisa, von 1202 an, der als Kind bei seinem Vater, pisan. Douanier zu Bugia, mit den indisch-arabischen Lehren bekannt geworden war. Gebraucht finden sich

die Ziffern jedoch schon durchgängig bei dem Computisten von 1143 im Wiener cod. 275,
s. Th. Sickel, Wiener Sitz. Br. 38, 171, u. in einer Regensb. Annalens. von Ende XII, wo sie
häufig mit röm. Zahlen wechseln, s. Boehmer, Fontes Rer. Germ. III p. LXV. Von da an
findet man sie hier und da gebraucht, häufiger jedoch nur in mathematischen Werken;
erst im XV wurde der Gebrauch allgemein. Den Florentiner Geldwechslern wurde 1299
die Anwendung derselben verboten, Archivio storico, Append. II, 528. Die Statuten der Univ.
Padua l. II c. 24 schrieben dem stationarius vor, ein Verzeichnis der verkäuflichen Bücher
zu haben 'cum nomine venditoris et quantitate precii, non per cifras sed per litteras
claras'. Im Rechenbuch des Frankfurter Raths kommen Ziffern zuerst 1494 vor, aber schon
Invocavit der Beschluss: 'Item sollen die rechenmeister sich hinfur mit zyffern zu
rechen massen'. Da verschwinden sie bis 1546. (Kriegk, Deutsches Bürgerthum, N. F. S. 83 u. 361.)
Ein Ulmer Grabstein mit **1388** im Anzeiger des Germ. Museums XXIII (1876) S. 35.
Die Formen sind für mehrere Buchstaben ziemlich verschieden; ich gebe sie auf der
folgenden Seite aus: 1. einer Salzburger, jetzt Vat. H. s. XII. (1890) nach Pertz' Archiv V,
160 u. tab. I, 4. 2. Cudul. de M. Libri von 1859 p. 145, n 665: Mathematici veteres von 1170(?)
pl. 24. 29. 3. Die oben erwähnte Regensb. H. cod. Lat. Monac. 14733, vgl. auch Mon. Germ. XVII SS.
tab. II ad p. 184. 4. Heidelb. H. aus Salem IX, 23 von c. 1200, vgl. Cantor, Zeitschr. f. Math. u. Phys.
X, 1. 5. H. in Siena s. XIII. Anzeiger d. Germ. Museums XVIII (1871) S. 261. 6. Sigmaringer
H. von 1303, s Anz. XIV (1867) S. 239, Verz. von Lehner S. 18. 7. Berlin. Lat. fol. 322 von

Ende XIV. <u>8</u> Pal. Germ.(Heidelb.) 342 s. XV. gleichzeitig foliirt.

1.	2.	3.	4.	5.	6.	7.	8.

In Hss. kommen noch mancherlei abweichende Formen vor, so im Berl. cod. Lat. in fol. 307 astronom. Inhalts. Beispiele aus Inschriften u. Siegeln im Anzeiger d. Germ. Museums 1861 S.46 ff. 1863 S.324. In der das. 1867 S.161 beschriebenen Heidelb. Hs. Salem. IX,c u.d, von Ende XV sehen wir den Wechsel der Formen, da Schreiber u. Miniator verschiedene brauchten, u. unter einander gleichzeitig geschrieben ist: $\frac{1293}{1494}$ u. $\frac{1294}{1295}$.

Bemerkenswerth ist noch die Vermischung der röm. Zahlen mit den Ziffern. Zu den im Anzeiger des Germ. Mus. 1876 S.35 Anm. gegebenen Beispielen verweist mich der

Fürst Hohenlohe-Waldenburg auf einen Grabstein in dem Werke von Walz: Die
Grabdenkmäler von St. Peter u. Nonnberg zu Salzburg, 3. Abth. n. 116 mit den
Jahrszahlen 1.4. LXIII. für 1463, 1.4. LXX für 1470, u. 15.6 für 1506. Hier fehlt
die Null, welche auch Joh. Butzbach ausließ, Hutteni Opera ed. Boecking VII, 438.
Er schrieb auch 15 (1510). M.cccc.Λ finde ich im Siegel des Plebans Joh. von St. Moritz
in Augsburg bei Libri, Mon. inédits, pl. LII. M.456 in der Subscription einer Hs. des
Vinc. Crac. bei Zeissberg, Poln. Geschichtschr. S.67. ꝏ.cccc.61 im Catal. der Burney Manuscripts S.54. m.cccc.811. d.i. 1482 im Rostocker Necrolog ed. Krause, Progr von
1875 S.9. m.cccc.99 im Serapeum XVI (1855) S.343. Nach freundlicher Mittheilung
des H. Dr. Pyl steht in der alten Wolgaster Bibl. auf der Univ. Bibl. in Greifswald
n. 456 für 1503: 1533, welches an einigen Stellen durchstrichen u. dafür 1503 gesetzt ist
In n.642 b. ist gedruckt IQΛΛ, in n.514 aber MXVX für 1510, in 910: 15013,
in n.625. MCCCC IX VI für 1496.
Ein ganz eigenthümliches System ist mitgetheilt Archaeologia X,373 aus einer
Hs. s. XIV neben den gew. Ziffern, nämlich • •• ∴ ∷ Ɔ Ɔ· Ɔ꞉ Ɔ꞉· ○ ⊘ ⊘· ⊘꞉
u.s.w. 20 ist ꝏ, 30 ꝏ.

S. 38. Z. 3. v. u. fehlt dem C der obere Strich.
S. 63. Z. 2 v. u. Auch rc bedeutet idem und id est.
S. 74. Z. 6. v. u. l. Archiv statt Sitz. Ber

Erklärung der in der Autographie
benutzten Abkürzungen.

Als Bezeichnung der Jahrhunderte sind römische Zahlen ohne Zusatz gebraucht.
Sonst ist gesetzt:

Herc. für die Volumina Herculanensia, s. S. 2.

Cap. für Capitalschrift, s. S. 2.

Unc. für Uncialschrift, s. S. 4.

Halbunc. für Halbuncialschrift s. S. 21.

Pomp. Wandschr. s. S. 11.

Pomp. Wachst. s. S. 11.

Siebenb. Wachst. s. S. 11.

Kais. für die Schrift der Kaiserlichen Kanzlei, s. S. 11. meistens verkleinert.

Curs. f. römische Cursive, s. S. 12.

Quedl. Hala, cursiv, s. S. 12.

Max. f. die Schrift des B Maximin, s. S. 12.

Victor Cap. s. S. 12.

Rav. f. die Schrift der Papyrus-Urkunden, s. S. 12.

Nat. für die Nationalschriften, s. S. 14.

Lgb. für Langobardische Schrift, s S. 14

Päbst. für die Schrift der alten päbstlichen Bullen, s. S. 16

Westg. f. Westgothische Schrift, s. S. 17.

Merow. s. S. 19

Frisch s. S. 22.

Ags. für Angelsächsische Schrift, s. S. 23.

Karol. s. S. 28.

Min. f. ausgebildete Minuskel s. S. 31.

www.ingramcontent.com/pod-product-compliance
Lightning Source LLC
Chambersburg PA
CBHW031438270326
41930CB00007B/763